NOTICE HISTORIQUE

SUR

LA MAISON DE LUSIGNAN.

Paris. — Impr. de POMMERET et MOREAU, 17, quai des Augustins.

NOTICE HISTORIQUE

SUR

LA MAISON DE LUSIGNAN

SON ILLUSTRATION

EN OCCIDENT ET EN ORIENT.

PAR E. D'ESCHAVANNES,

Membre de la Société orientale de France.

PARIS.

AU BUREAU DE LA REVUE DE L'ORIENT,

CHEZ JUST ROUVIER,

20, RUE DE L'ÉCOLE-DE-MÉDECINE.

1853.

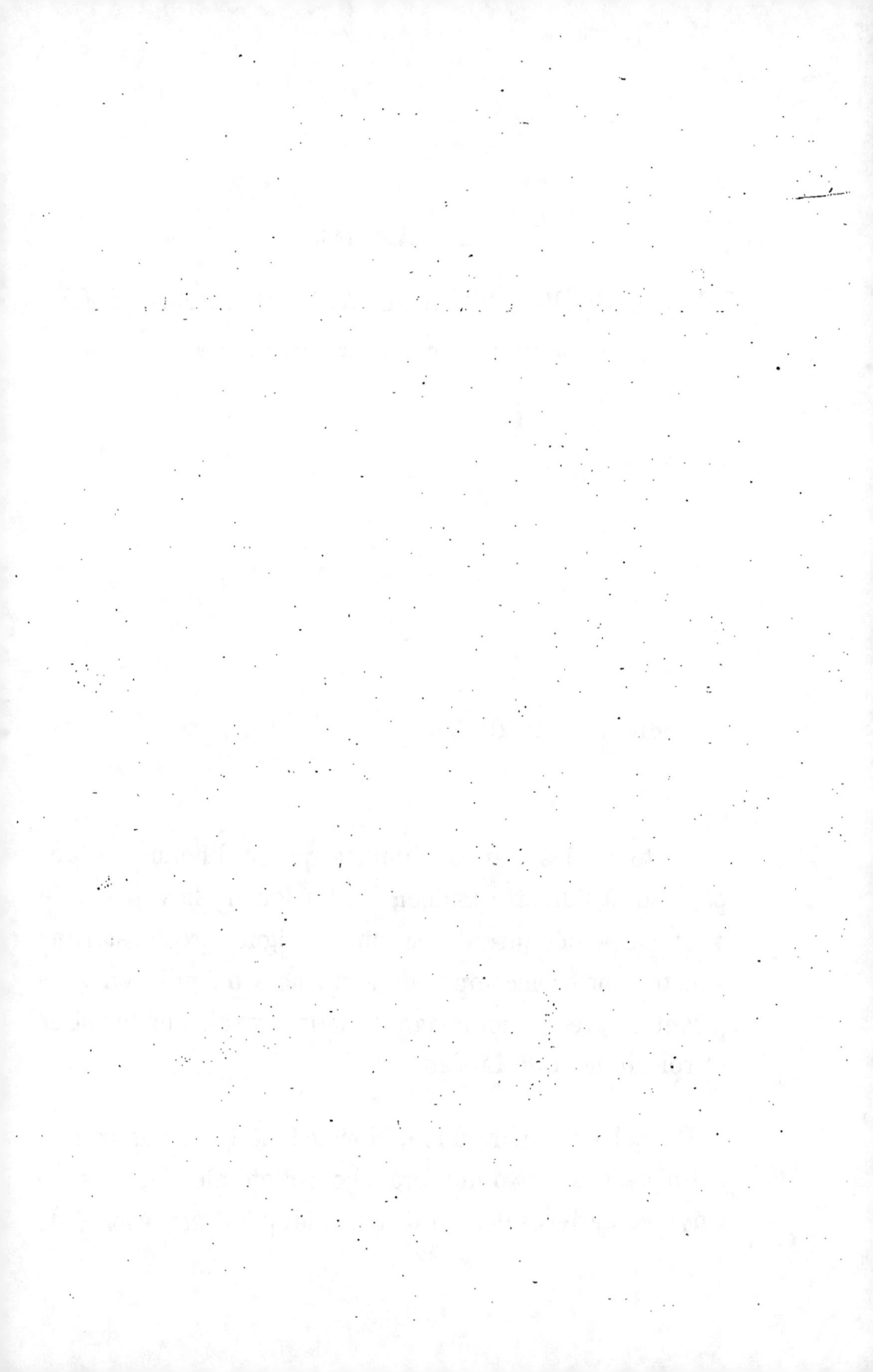

A Monsieur

LE DUC DE LAROCHEFOUCAULD-DOUDEAUVILLE,

PRÉSIDENT DE LA SOCIÉTÉ ORIENTALE DE FRANCE.

MONSIEUR LE DUC,

De toutes les grandes familles qui ont l'honneur d'appartenir à l'illustre maison de Lusignan, la vôtre seule s'est perpétuée jusqu'à ce jour en ligne directe et sans substitution; j'accomplis donc un acte d'équité en vous priant d'agréer l'hommage de mon travail sur les sires et rois du nom de Lusignan.

Il est bien remarquable, Monsieur le Duc, que ce soit à un descendant d'une branche collatérale des rois de Chypre, de Jérusalem et d'Arménie qu'ait été réservé de nos jours le soin de présider aux travaux de la Société orientale, de cette société dont le but est de faire revivre en Orient la foi chrétienne et les traditions françaises. Ne semble-t-il pas que la Providence, qui inspire toujours les grandes décisions humaines, ait voulu, en vous appelant à notre tête, donner un grand enseignement et une grande espérance à ces chrétiens d'Orient dont les regards sont encore tournés vers notre patrie?

Je vous demande pour mon travail la même bienveillance que vous n'avez cessé de témoigner à l'auteur, et je vous prie d'y voir un hommage du profond respect avec lequel j'ai l'honneur d'être,

Monsieur le Duc,

Votre très-humble et dévoué serviteur,

E. D'ESCHAVANNES,
Membre de la Société orientale de France.

LUSIGNAN.

Armes : *Burelé d'argent et d'azur de dix pièces.*

Cimier : *Une sirène tenant d'une main un peigne et de l'autre un miroir, et se baignant dans une cuve.*

Tenants : *Deux sirènes.*

La glorieuse et héroïque famille de Lusignan qui a gouverné les comtés de la Marche, d'Angoulême et d'Eu en France, le comté de Pembroke en Angleterre, et les royaumes de Chypre, de Jérusalem et d'Arménie, nous apparaît dans le lointain des âges comme ces vieux portraits enfouis au fond des cathédrales gothiques et qui nous donnent une idée si extraordinaire de la force des générations passées. L'éclat jeté par cette lignée de héros (branche cadette de la maison de Poitiers) tient tellement du merveilleux, qu'on s'explique facilement comment la crédulité du vieux temps a pris au sérieux les légendes de Mélusine, cette enchanteresse, moitié femme et moitié poisson, que la poésie a immortalisée. Il n'était cependant pas nécessaire de recourir à des fables, puisque les glorieuses réalités qui s'attachent au nom de Lusignan suffisent pour en faire un des plus grands de l'histoire.

I.—Hugues, sire de LUSIGNAN, Ier du nom, sur-nommé Hugues le Veneur, vivait au dixième siècle sous le roi Louis d'Outremer. Il était fils puîné de Guillaume-Hugues, duc d'Aquitaine et comte de Poitiers, et de Gillette, fille de Rolon, duc de Normandie. Son frère Guillaume Ier, comte de Poitiers, surnommé *Tête-d'E-toupes*, lui donna, l'an 970, la petite ville de Lusignan en Poitou, dont il prit le nom et d'où ses descendants s'élancèrent pour aller conquérir les royaumes de Jé-rusalem, de Chypre et d'Arménie. Il avait épousé la dame de Melle, qui, après la mort de son mari, fut ap-pelée Mélusine, parce qu'elle était dame des deux châ-teaux de Melle et de Lusignan. La chronique de l'ab-baye de Maillezais ne donne à Hugues Ier de Lusignan qu'un fils qui suit : ·

II. — Hugues II, sire de LUSIGNAN, IIe du nom, sur-nommé le Bien-Aimé. Il vécut sous le règne du roi Lothaire, et sous le gouvernement de Guillaume II, comte de Poitiers. Il était encore jeune lorsque son père mourut, et c'est pendant la tutelle exercée par sa mère que fut construit le château de Lusignan dans des conditions si difficiles et si extraordinaires que les au-teurs fabuleux en ont fait une œuvre de *la fée Mélusine*. Brantôme s'exprime ainsi au sujet de ce manoir : « Ce « château si admirable et si ancien qu'on pourroit « dire que c'étoit la plus noble marque de forteresse « antique et la plus noble décoration vieille de toute « la France, et construite, s'il vous plaît, d'une dame

« des plus nobles en lignée, en vertus, en esprit,
« en magnificence et en tout qui fut de son temps, voire
« d'autres, qui fut Mélusine, de laquelle il y a tant
« de fables; et bien que ce soit fables, si ne peut-on
« dire autrement que tout beau et bon d'elle, et, si
« l'on veut dire la vraie vérité, c'étoit un vrai soleil de
« son temps, de laquelle sont descendus ces braves sei-
« gneurs, princes, rois et capitaines, portant le nom de
« Lusignan, dont les histoires en sont pleines. »

Quoi qu'il en soit, ce château, qui dominait la ville
du même nom, située à quatre lieues de Poitiers, devint le chef-lieu d'une sirerie ou baronnie considérable
dont relevaient plusieurs paroisses et châtellenies. La
beauté de cette forteresse, l'étendue de ses fortifica-
tions, sa situation avantageuse sur une montagne environnée d'autres montagnes, qui servaient à la couvrir
et à la défendre, la richesse et la variété des pays cir-
convoisins, tout enfin commandait l'admiration et la
surprise, et donnait la plus haute opinion de la magnificence et de la richesse des possesseurs de ce manoir.
Il n'en fallait pas moins pour accréditer au loin les en-
chantements de la fée Mélusine, célébrés par toutes les
vieilles chroniques qui ont fait mention des sires de Lusignan. Mort avant l'an 967, Hugues II laissa trois fils :

1º Hugues III, qui suit;

2º Josselin de Lusignan, qui épousa l'héritière du château de Parthenay
et duquel descendent les maisons de Parthenay et de Larochefoucauld [1], mourut vers l'an 1014 ;

3º Aimeric de Lusignan, archi-diacre de Poitiers, qui vivait en 1010.

---

[1] Les armes de Parthenay sont : *burelé d'argent et d'azur de dix
pièces*, qui est de Lusignan; *à la bande de gueules, brochant sur le
tout*. De même pour Parthenay de Soubise.
Celles de Larochefoucauld sont : *burelé d'argent et d'azur de dix*

III. — Hugues III, sire de LUSIGNAN, surnommé le Blanc, vivait sous le règne de Hugues Capet et de Robert, et avait épousé Arsendis, qu'on trouve souscrivant une charte de donation faite par son fils en 1010 à l'abbaye de Saint-Cyprien de Poitiers. De cette union vint :

1° Hugues IV, qui suit;
2° Robert de Lusignan qui vivait en 1028.

IV. — Hugues IV, sire de LUSIGNAN, surnommé le Brun et le Kiliarque (commandant de mille hommes), conserva probablement ce dernier nom après la guerre contre les Sarrasins d'Espagne, où il s'était rendu en 1020. Parmi les preuves de sa munificence, on cite le don fait en 1010, en faveur de l'abbaye de Saint-Cyprien de Poitiers, d'un bois dépendant de son château, et la fondation, en 1024, du monastère de Nouaillé. Il est en outre cité avec son fils Hugues V, dans une lettre que le pape Jean XIX écrivit en 1024 au duc de Guyenne. Le sire de Lusignan eut toujours de longues guerres à soutenir contre ses voisins, notamment contre Raoul Ier et Savary IV, vicomtes de Thouars, et contre Aimeric de Malval, qui s'était emparé du château de Casiac, lequel avait appartenu à Josselin de Parthenay, oncle de Hugues IV de Lusignan. Celui-ci, en représailles, s'était saisi du château de Malval, propriété d'Aimeric. Hugues dut combattre ensuite contre Guillaume III, comte de Poitiers, Ier duc d'Aquitaine de ce

pièces, qui est de Lusignan ; *à trois chevrons de gueules, le premier écimé, brochants sur le tout.* C'est en souvenir de cette origine que les seigneurs de Larochefoucauld ont toujours pris des sirènes ou Mélusines pour *tenants* de leurs armes.

nom, parce que ce prince, au mépris de sa promesse, avait remis le château de Malval entre les mains des héritiers d'Aimeric. La prise du château de Gensac fut encore un des résultats de la guerre entre le sire de Lusignan et les sires de Malval.

Guillaume-le-Grand, comte de Poitiers, s'opposa longtemps au mariage de Lusignan avec Aldéarde, fille de Raoul, vicomte de Thouars, sans doute pour empêcher ces deux seigneurs de se lier plus étroitement dans leurs intérêts contre sa propre autorité, et avec d'autant plus de raison que ces barons avaient eu avec lui de fréquentes guerres. Mais Lusignan, soit par inclination, soit pour terminer ses différends avec les vicomtes de Thouars, ne tint pas compte du mécontentement de son suzerain, et épousa Aldéarde. Il en résulta entre Lusignan et le comte de Poitiers des hostilités qui ne cessèrent qu'après la mort de Hugues IV. Il mourut avant l'an 1030, laissant trois enfants :

1° Hugues, qui suit ;

2° Rogues de Lusignan, ecclésiastique, mentionné dans une charte du monastère de Nouaillé. Il vivait en 1030 et posséda la terre de Couhé ;

3° Renaud de Lusignan, qualifié chevalier dans un acte de l'abbaye de Saint-Maixent de l'année 1029. Il vivait encore au mois de mars 1038.

V. — Hugues V, sire de Lusignan, surnommé le Débonnaire et le Pieux, avait la réputation d'un habile homme de guerre ; aussi eut-il une grande part aux affaires de son temps. Il passa un traité à la date de l'an 1030 qui le fit rentrer dans la possession du château de Casiac et mit ainsi terme aux maux que la guerre répandait sur le pays. Dans une lettre de la même année, on voit le pape Jean XIX recommander à sa protection le monastère de Saint-Jean-d'Angely. Sa présence est constatée à la fondation de l'église de Notre Dame de Saintes en 1047. Il se brouilla de nouveau en 1060 avec le comte de Poitiers, Guillaume VI, qui vint assiéger le château de Lusignan. Hugues, après s'être défendu avec valeur, fut tué dans une attaque sur le pont-levis même de la place le 8 octobre de la même année. Son mariage avec sa cousine Adalmodis de la Marche, fille de Bernard II, comte de la Marche, avait été cassé pour cause de parenté ; mais il en avait eu deux fils :

1° Hugues, qui suit ;
2° Josselin de Lusignan, auteur de la branche de Saint-Gelais [1].

VI. — Hugues VI, sire de LUSIGNAN, comte de la Marche, dit le Diable et le Vieux, assistait à la défense du château de Lusignan, où il déploya beaucoup de bravoure ; mais, une fois son père tombé mort à ses côtés, il s'empressa de négocier la paix et l'obtint. Son ma-

---

[1] VI. — Ce Josselin de Lusignan, qui vivait encore en 1106, forma une branche cadette qui prit le nom de Saint-Gelais. Ses fils furent :

1° Rodulphe de Lusignan, fondateur du prieuré de Saint-Gelais, ordre de Cluny, en 1109 ;

2° Isambert de Lusignan, qui suit.

VII. — Isambert de Lusignan, surnommé Sennebaut, sire de Saint-Gelais, prit le nom de Saint-Gelais et le transmit à sa postérité. Il fonda, vers l'an 1120, l'abbaye de l'Etoile au diocèse de Poitiers. Il eut trois fils : 1° Ranulfe ou Hugues, 2° Guillaume, 3° Foulques, nommés dans un bref du pape Eugène III de l'année 1147, portant confirmation de la fondation de l'abbaye de l'Etoile faite par Isambert de Lusignan, leur père.

Les armoiries de la maison de Saint-Gelais sont : *écartelé : aux 1 et 4, d'azur à la croix alesée, d'argent ; aux 2 et 3, burelé d'argent et d'azur de dix pièces, qui est de Lusignan.* Plus tard, on ajouta sur ce quartier *un lion de gueules, couronné, armé et lampassé d'or*, à cause des Lusiguans de Chypre.

riage eut lieu, vers 1092, avec Hildegarde de Thouars,
fille d'Amaury IV, vicomte de Thouars et d'Aurengarde
de Mauléon. A l'époque où Hugues VI entra en possession
de l'héritage paternel, l'immense mouvement religieux
qui détermina les croisades agitait toute la chrétienté;
aussi ce seigneur fut-il l'un des premiers du pays
à se croiser. L'an 1101, le comte de Poitou, duc d'Aquitaine, prenant la croix à Limoges avec 150,000 hommes
qu'il menait à la Terre-Sainte, s'adjoignit, pour le
commandement de cette armée, Hugues-le-Grand, frère
de Philippe Ier, roi de France; Hugues de Lusignan;
Etienne, comte de Blois; Etienne, comte de Bourgogne;
Geoffroy de Preuilly, comte de Vendôme; Harpin, vicomte de Bourges, etc., etc. Lusignan, à la tête de
800 hommes de cheval, se distingua dans cette croisade par une bravoure digne du surnom de Diable
que l'histoire lui a conservé; mais une blessure re-
çue à Rama le 26 mai 1102, et les tristes conséquences
de cette bataille, l'empêchèrent d'arriver au but de son
pélerinage. Le duc d'Aquitaine, après avoir vu son armée détruite par la disette et la mésintelligence des
chrétiens, plus encore que par le fer des musulmans,
fut réduit à se sauver avec six hommes, mendiant son
pain, jusqu'à Antioche. C'est dans cette ville que Lusignan put le rejoindre après des souffrances inouïes.
Remis de ses blessures, Hugues accompagna son suzerain aux siéges de Tortose et d'Ascalon, et revint
avec lui en Europe en 1103. Loin de pouvoir se re-
poser de ses fatigues, il ne fut pas plutôt de retour
dans ses foyers qu'il lui fallut guerroyer contre Roger
de Montgommery, comte de Lancastre, époux d'Adalmodis, nièce d'autre Adalmodis de la Marche, mère de
Hugues VI de Lusignan, dont celui-ci revendiquait les

droits sur le comté de la Marche. Telle fut l'origine d'une guerre longtemps héréditaire dans les maisons de Lusignan et de Montgommery. Hugues VI succomba, en 1110, à une épidémie affreuse qui ravageait le Poitou et la Guyenne, et laissa de sa femme Hildegarde de Thouars :

1º Hugues VII, qui suit ;

2º Rogues de Lusignan, auteur de la première maison de Couhé, et aïeul de Gédouin de Couhé, qui fonda en 1199 le monastère de Boisrogues en Loudunois [1] ;

5º Mélissende de Lusignan, nommée aussi Mélusine, femme de Simon Ier, sire de Parthenay.

VII. — Hugues VII, sire de LUSIGNAN, comte de la Marche, dit le Brun, continua la guerre contre la maison de Montgommery et s'empara de plusieurs places importantes du comté en litige. De concert avec Sarrazine, sa femme, il fonda, en 1120, le monastère de Bonnevaux au diocèse de Poitiers. Hugues intervint dans la querelle qui eut lieu dix ans après entre Ulgrin et Géraud de Blaye à l'occasion du château de Montignac. A la tête de ses chevaliers, il vola au secours de la place attaquée par des forces considérables; mais ses efforts furent vains, et les assiégés, épuisés par des pertes journalières, se virent contraints d'abandonner le château et de se sauver à la faveur de la nuit. Dans une charte de l'évêché de Poitiers, de l'an 1144, scellée de son sceau, ce seigneur est représenté à cheval, en habit de chasse, la trompe au cou, l'oiseau au poing, un chien sur la croupe du cheval; au contre-scel se

[1] Les armoiries de cette première maison de Couhé étaient : *semé de France, à trois écussons de gueules, brochant sur le tout.*

trouve l'écu de Lusignan *burelé d'argent et d'azur*. Veuf depuis quatre ans, Hugues suivit le roi Louis-le-Jeune en Terre-Sainte à la croisade de 1146. On croit qu'il y mourut. Ses enfants étaient :

1º Hugues VIII, qui suit ;

2º Guillaume de Lusignan, seigneur d'Angles, mort sans enfants de Denyse, sa femme ;

3º Robert de Lusignan qui a été l'auteur de la maison de Montbron [1] ;

4º Simon de Lusignan, auteur de la branche des seigneurs de Lezay [2] ;

5º Valeran de Lusignan, mort sans enfants ;

6º Aimée de Lusignan, femme de Guillaume, vicomte de Thouars, vivant en 1159.

VIII. — Hugues VIII, sire de Lusignan, comte de la Marche, ne pouvait que suivre l'exemple de ses pères ; il se croisa comme eux et comme eux se couvrit de gloire ; ses exploits ont été chantés par tous les chroniqueurs de son siècle. Fait prisonnier avec Josselin de Courtenay, comte d'Edesse, Boëmond III, comte d'Antioche, et Raymond, comte de Tripoli, à la bataille de Harenc, le 10 août 1165, il mourut peu de temps après. Sa femme, Bourgogne de Rancon, fille de Geoffroy, seigneur de Taillebourg, lui avait donné six enfants :

1º Hugues IX, qui suit ;

2º Geoffroy de Lusignan, dit *à la Grand'Dent*, à cause d'une dent qui lui sortait hors de la bouche, porta quelque temps le titre de comte de la Marche. Il s'en fut en Terre-Sainte secourir son frère Guy, roi de Jérusalem, vers 1189. C'est un des guerriers les plus fabuleusement

---

[1] Les armoiries de la maison de Montbron sont : *écartelé : aux 1 et 4, burelé d'argent et d'azur de dix pièces*, qui est de Lusignan ; *aux 2 et 3, de gueules plein.*

[2] Les armoiries de la maison de Lezay-Lusignan sont : *burelé d'argent et d'azur de dix pièces*, qui est de Lusignan, *à l'orle de merlettes de gueules ; au franc-quartier du même.*

braves de son siècle, el il porta d'immenses dommages aux Sarrasins auxquels il enleva, en 1204, la ville de Jaffa, d'où il prit le nom de comte de Jaffa. De retour en France, il s'associa avec son neveu Hugues pour élever le couvent des Cordeliers d'Angoulême, les abbayes de Valences, près Couhé, et de l'Etang-Saint-Michel, près Angoulême. Geoffroy avait épousé Umberge, fille du vicomte de Limoges, et mourut sans enfants en 1256;

3° Raymond de Lusignan, moine à l'abbaye de Maillezais;

4° Guillaume de Lusignan, seigneur de Mairevaux, qui eut deux filles : Valence, mariée à Hugues, seigneur de Parthenay, et Hélène, mariée à Barthélemy, seigneur de La Haye-Passavant.

5° Amaury de Lusignan, roi de Chypre, dont la postérité sera rapportée plus loin, page 24;

6° Guy de Lusignan, qui passa outre mer, où il fut comte de Jaffa et d'Ascalon, et roi de Jérusalem et de Chypre. Il en sera parlé ci-après, page 20;

7° Raoul de Lusignan, seigneur d'Issoudun, Melle, etc., comte d'Eu en 1186, a fait la branche des comtes d'Eu. Il en sera parlé plus loin, page 30.

IX. — Hugues IX, dit le Brun, sire de LUSIGNAN, comte de la Marche, épousa Mahaut, fille unique de Vulguin II, dit Taillefer, comte d'Angoulême, et nièce d'Aimar, qui eut ce comté à son préjudice. Il mourut vers l'an 1208, ne laissant qu'un fils.

X. — Hugues X, dit le Brun, seigneur de LUSIGNAN et comte de la Marche, avait été fiancé, en l'an 1200, avec Elisabeth, fille d'Aimar Ier, comte d'Angoulême, et d'Alix de Courtenay. Ce mariage, qu'on croyait devoir mettre fin aux querelles survenues entre ces deux familles pour le comté d'Angoulême, fut au contraire la cause de grands et malheureux événements. Jean-sans-Terre, roi d'Angleterre, enleva la femme de Hugues le jour de ses noces et l'épousa. On conçoit la fureur de ce dernier, qui, pour se venger de la violence du roi, lui suscita des ennemis et lui fit une guerre acharnée. Néanmoins il ne parvint à épouser Elisabeth qu'en 1247, après la mort de son rival. Compagnon du roi Louis IX en Palestine, Lusignan assista, en 1249, au siége de Damiette, où sa bannière flottait à côté de celle de Henri Ier, son parent, roi de Chypre. De retour en France, son humeur turbulente l'entraîna dans des entreprises contraires à sa gloire. Il eut le triste courage de soutenir une guerre contre saint Louis et la fameuse Blanche de Castille. L'accommodement qui mit un terme à cette querelle, en 1230, et les promesses que ce seigneur fit à saint Louis dans l'assemblée de Melun d'observer à la rigueur ses ordonnances, ne l'empêchèrent pas de se révolter une seconde fois contre l'autorité royale en refusant l'hommage à Alphonse de France, comte de Poitiers, frère du roi. Défait complétement avec les Anglais, ses alliés, à la bataille de Taillebourg, le 22 juillet 1242, il alla se jeter aux pieds de saint Louis, qui lui pardonna, mais ne lui rendit jamais sa confiance. Il mourut l'an 1249, et fut enterré à l'abbaye de Valences qu'il avait fondée et laissa neuf enfants de sa femme Isabelle, veuve du roi d'Angleterre Jean-sans-Terre :

1º Hugues XI, qui suit;

2º Guy de Lusignan, seigneur de Cognac et de Merpins, qui accrut la puissance de sa maison en ajoutant à ses domaines le château d'Archiac et ses dépendances par suite d'une transaction faite en 1262 avec Aliénor, comtesse de Leicester. Cet acte, conservé jusqu'à ce jour, est scellé de plusieurs sceaux, parmi lesquels on distingue celui de Lusignan ; il est en cire verte et représente, d'un côté, un cavalier portant en croupe un chien sur lequel il appuie sa main droite; au contre-scel, un écu sur lequel sont gravées les armes de Lusignan, brisées d'un lambel de cinq pendants. Guy mourut sans postérité au mois de juillet 1281, en combattant pour secourir son frère maternel le roi d'Angleterre;

3º Geoffroy de Lusignan, seigneur de Jarnac et de Châteauneuf, vicomte

de Châtellerault par sa femme, Jeanne, fille unique de Jean, vicomte de Châtellerault, eut deux enfants, Geoffroy et une fille;

4º Guillaume de Lusignan, seigneur de Valences, et comte de Pembroke par sa femme, dont il eut des enfants, fixés depuis en Angleterre;

5º Aimar de Lusignan, évêque de Winchester en Angleterre, mort à Paris l'an 1261;

6º Agathe de Lusignan; femme de Guillaume de Chauvigny, seigneur de Châteauroux;

7º Alfaïs de Lusignan, mariée l'an 1247 à Jean, comte de Varennes, et morte l'an 1256;

8º Isabeau de Lusignan, mariée en premières noces à Geoffroy de Rancon, seigneur de Taillebourg, et en secondes noces à Maurice de Craon;

9º Marguerite de Lusignan, mariée à Raimond, dernier comte de Toulouse, dont elle se sépara. Elle épousa ensuite Aimeric VIII, vicomte de Thouars, puis Geoffroy, seigneur de Chateaubriand, et mourut l'an 1288.

XI. — Hugues XI, seigneur de LUSIGNAN, comte de la Marche et d'Angoulême [1], épousa, l'an 1238, Iolande, d'abord promise à Richard d'Angleterre, comte de Cornouailles, et qui était fille de Pierre de Dreux, dit *Mauclerc*, et d'Alix comtesse de Bretagne. Hugues mourut l'an 1260, âgé de quarante ans, et sa veuve le 10 octobre 1272, laissant :

1º Hugues XII, qui suit;

2º Guy de Lusignan, seigneur de Cognac, mort sans postérité l'an 1288;

3º Marie de Lusignan, femme de Robert de Ferrières, comte de Nottingham;

4º Iolande de Lusignan, mariée en premières noces au comte de Glocester, et en secondes noces à Pierre, seigneur de Préaux;

5º Isabelle de Lusignan, dame de Belleville et de Beauvoir.

XII. — Hugues XII, dit le Brun, seigneur de LUSI-

[1] En vertu de la prise de possession du comté d'Angoulême, les seigneurs de Lusignan écartelèrent leurs armes de celles d'ANGOULÈME ancien qui sont : *losangé d'or et de gueules (alias), d'or à neuf losanges de gueules*, 3, 3, 3.

GNAN, comte de la Marche et d'Angoulême, prit alliance avec Jeanne, dame de Fougères, fille de Raoul de Fougères et d'Isabeau de Craon. Il mourut l'an 1282, ayant eu pour enfants :

1° Hugues XIII, qui suit ;

2° Guy de Lusignan, dit Guiard, seigneur de Couhé, qui prit le titre de comte de la Marche et d'Angoulême après son frère, et mourut l'an 1307, après son fils Geoffroy ;

3° Isabeau de Lusignan, femme d'Elie Rudel, dit *Renaud IV*, sire de Pons ;

4° Jeanne de Lusignan, mariée en premières nôces à Pierre de Joinville-Vaucouleur, et en secondes noces à Bernard-Eri Ier, sire d'Albret ;

5° Marie de Lusignan, femme d'Etienne II, comte de Sancerre ;

6° Isabeau de Lusignan, religieuse à l'abbaye de Fontevrault.

XIII. — Hugues XIII, seigneur de Lusignan, comte de la Marche et d'Angoulême, marié en premières noces à Béatrix de Bourgogne, épousa plus tard Béatrix de Champagne. Ce seigneur, enfant prodigue de la famille de Lusignan, engagea au roi Philippe-le-Bel son château et le comté de la Marche pour des sommes considérables. Il lui céda, en 1301, les terres de Chilly et de Longjumeau en échange de nouveaux domaines, et prit l'année suivante une part active à ces terribles guerres de Flandre qui devaient aboutir à la bataille de Courtray, où la noblesse française fut en partie décimée, et où 4,000 paires d'éperons dorés furent enlevés à 4,000 chevaliers par les *bons hommes* de Flandre, comme on les appelait alors. Hugues n'eut pas la satisfaction d'assister à la glorieuse revanche que Philippe-le-Bel prit contre les Flamands au combat de Mons en Puelle ; il mourut à Poitiers en 1303 sans laisser d'enfants. Il avait d'abord indiqué pour héritier son neveu Geoffroy, fils de son frère Guy, mais ce jeune homme ayant péri, Hugues XIII révoqua au lit de mort son premier testament, et par ses dernières volontés organisa différents degrés de substitution qu'il étendit jusqu'à Renaud de Pons, son neveu. Le roi de France qui se trouvait alors à Poitiers fit main basse sur le comté de la Marche. Les sœurs du défunt réclamèrent, mais Philippe trouva moyen de les apaiser en leur donnant d'autres terres. Avec Hugues XIII finit la branche aînée des Lusignan ; mais nous allons voir les branches cadettes jeter le plus vif éclat sur cette noble race et la conduire à l'apogée de la fortune.

PREMIÈRE BRANCHE DES ROIS DE JÉRUSALEM ET DE CHYPRE.

IX. — Guy de LUSIGNAN, fils de Hugues VIII, se plaça au premier rang parmi la fleur de la chevalerie qui prit part à la guerre des croisades. C'était le temps où de simples chevaliers sautaient de la brèche sur le trône ; « le casque, dit M. de Chateaubriand, apprend à por- « ter le diadême, et la main blessée qui manie la pique « s'enveloppe noblement dans la pourpre. » Guy fut élu comte de Jaffa et d'Ascalon, et épousa en 1180 Sybille, veuve de Guillaume, marquis de Montferrat, dit Longue-Epée, et fille de Baudoin IV, roi de Jérusalem. Déjà puissant par cette union qui l'approchait du trône, Guy le devint plus encore par le commandement de l'armée chrétienne et la libre et générale administration de toutes les parties du royaume que lui confia son beau-père ; malheureusement, il ne sut point, dans ce poste élevé, se faire pardonner sa fortune ; ses hauteurs blessèrent les principaux chefs croisés, et Raimond, comte de

Tripoli, persuada au roi non seulement d'enlever le commandement à Guy, mais même de faire casser son mariage. Outré de cette mesure, Lusignan refusa de comparaître devant le patriarche de Jérusalem, et les choses en restèrent là jusqu'à la mort de Baudoin, qui désigna pour son successeur, au préjudice de Lusignan, le fils de Sybille et du marquis de Montferrat, son premier mari. Ce jeune prince, âgé de huit ans, ne survécut que quelques jours.

Dans le but de donner une satisfaction aux seigneurs les plus considérables de Jérusalem, Sybille manifesta l'intention de se séparer de Guy, ajoutant qu'elle choisirait pour époux le guerrier le plus capable de défendre le royaume. La cérémonie devait avoir lieu dans l'église du Saint-Sépulcre. Au jour marqué, la reine s'y rend environnée de ses principaux officiers et de tous les nobles convoqués à cet effet. Le divorce est prononcé; puis le patriarche Héraclius présente la couronne à Sybille en l'adjurant de ne la confier qu'au plus digne. La reine se recueille un instant pour demander conseil à Dieu, puis la place sans hésiter sur la tête de Lusignan, en s'écriant : *Il n'appartient point aux hommes de séparer ce que Dieu a uni.*

Devenu roi, Lusignan eut à combattre Saladin, soldat de fortune de la nation des Kurdes, le premier capitaine de son siècle et le héros de l'Orient. Le 14 juillet 1187, les deux monarques se rencontraient dans la plaine de Baltouf, et jouaient la destinée de Jérusalem dans une bataille qui dura trois jours, et où le génie de Saladin l'emporta. Le désastre des chrétiens fut immense. Le roi, le prince d'Antioche, les grands maîtres de l'Hôpital et du Temple restèrent au nombre des prisonniers; et, pour accroître les douleurs de la défaite, la vraie croix, que l'évêque de Ptolemaïs portait en tête des escadrons, tomba aux mains des infidèles.

Saladin traita son royal prisonnier avec une courtoisie toute chevaleresque, et lui rendit la liberté peu de temps après qu'il se fut emparé de la cité sainte et des autres villes de la Palestine. Après avoir perdu le royaume de Jérusalem, il ne restait plus à l'infortuné Lusignan qu'à en perdre le titre; c'est ce qui arriva en 1189. Sa femme Sybille fut emportée pendant le siége d'Acre avec ses deux filles par une maladie contagieuse, et les droits à la couronne passèrent à Isabelle, fille cadette du feu roi Amaury, mariée à Conrad, marquis de Montferrat.

Dépouillé de ses Etats, Guy acheta aux Templiers l'île de Chypre, que Richard Cœur-de-Lion leur avait vendue, et y fonda une monarchie. L'île s'était trouvée presque entièrement dépeuplée par la fuite des naturels à la suite de leur soulèvement contre les Latins; aussi le premier soin de son nouveau maître fut-il d'envoyer des émissaires aux Francs de Syrie pour les inviter à venir la repeupler. 300 seigneurs de la conquête y accoururent avec leurs familles et un grand nombre de vassaux. Toutes les terres de l'île furent distribuées à titre gratuit.

Guy s'appliqua à fondre dans une même unité les éléments hétérogènes de la population de l'île, composée de *pariciens* ou serfs, de *perpériciens* ou libres par priviléges avec redevance, de *lestériens* ou affranchis, d'Albanais moitié laboureurs et moitié soldats, de Vénitiens transplantés en Chypre par le doge Vital-Michiale, puis enfin des nouveaux possesseurs du sol; la différence de mœurs, de coutumes, d'idées, d'inté-

rêts et d'intentions, rendait cette mission fort difficile.
Cependant, à force de génie et de persévérance, le succès
couronna les efforts de Lusignan. Comme Jérusalem,
Chypre eut ses assises suivant la coutume de France, et
des temples s'élevèrent pour les différents cultes, tout en
laissant à l'Église latine la prééminence sur l'Église grec-
que. L'administration intelligente du souverain bâtit encore la ville de Limisso, appelée Némosie par les Latins,
et Néapolis par les Grecs, fortifia Famagouste, environna
de fossés tous les châteaux de l'île. L'ordre de Lusignan,
dit de l'Épée, fut institué pour récompenser tous les dé-
vouements, tous les services. Cet ordre, qui se portait au
cou, était formé par un collier composé de cordons ronds
de soie blanche, liés en lacs d'amour et entremêlés des
lettres R. S. en or. A l'extrémité, pendait un ovale
d'azur portant au milieu une épée, ayant la lame émail-
lée d'argent, la garde croisetée et fleurdelysée, et pour
devise ces mots : *regni Securitas*. Le frère du roi,
Amaury, déjà connétable de Chypre, et les 300 barons
venus avec lui en reçurent l'investiture, comme étant
les premiers soutiens du trône.

Après avoir assuré par de sages institutions l'avenir
de cette monarchie que nous verrons durer trois siècles, Guy de Lusignan, vieux de gloire et d'avenir,
abattu par les fatigues de la guerre et les travaux de la
paix, mourut en 1194, à l'âge de soixante-cinq ans, et
après douze ans de règne. Il fut enterré dans l'église
des Templiers; à défaut de descendant direct, il laissa
à son frère Amaury la souveraineté de l'île et un nom
illustré par l'éclat de sa fortune et le prestige de ses
malheurs. Il avait eu deux filles mortes avant lui pendant le siége d'Acre en 1189.

DEUXIÈME BRANCHE DES ROIS DE CHYPRE
ET DE JÉRUSALEM.

IX. — Amaury de Lusignan, fils de Hugues VIII et frère de Guy, succéda à ce dernier en 1194. Dès qu'il fut sur le trône, Amaury manda auprès de lui ses barons ; et, après avoir juré solennellement d'observer les lois établies par son frère : « Seigneurs, leur dit-il, le roi Guy, mon « frère, vous a tant donné qu'il ne lui est rien de- « meuré. Le pays m'est échu, et j'en suis sire tant « qu'il plaira à Dieu, et cependant je n'ai point de « terres. Il y en a tels de vous qui en ont plus que moi, « et cependant vous êtes mes hommes. Comment se « pourrait-il que je sois pauvre et vous puissants et « riches ? Tenez conseil entre vous, et que chacun me « rende assez pour que je puisse être entre vous « comme votre sire, et que je vous puisse aider « comme mes hommes. » Pénétrés de la justesse de cette demande, les barons s'exécutèrent et rendirent au roi une partie des largesses qu'ils devaient à l'excessive libéralité de son frère. Néanmoins, cette restitution ayant excité quelques murmures, Amaury demanda en 1196 à l'empereur Henry VI la confirmation de son titre de roi de Chypre. Sur cette demande, Henry fit partir de Si- cile, où il était alors, l'évêque Hyperbolus, qui faisait auprès de lui les fonctions de chancelier, pour aller couronner Amaury. Le prélat, avant de procéder à la cérémonie, obligea le roi à faire hommage lige à l'em- pereur.

Sous le règne de ce prince, les terres de Chypre ac- quirent une valeur qu'elles n'avaient pas eue jusqu'à lui, et beaucoup d'abus furent réformés. La fondation des couvents de carmes satisfit les exigences du clergé et mit un terme à ses plaintes.

Des destinées plus hautes encore attendaient le roi de Chypre. Après un règne glorieux, Henry de Champagne, roi de Jérusalem, venait de mourir, laissant Isabelle, sa veuve, incapable de soutenir seule le fardeau des affaires. Cette princesse avait déjà contracté trois mariages et donné à ses trois époux des titres pour un royaume presque tout entier au pouvoir des Sarrasins. Il lui fallait plus que jamais s'allier à un prince prudent et brave dont la tête pût la diriger et dont le bras pût la défendre, et nul mieux que le roi de Chypre ne remplissait ces conditions. Elle lui dépêcha en 1202 une ambassade chargée de lui offrir sa main et sa couronne. Amaury était veuf de Cive d'Ibelin, fille de Baudoin d'Ibelin, seigneur de Rames. Après avoir pris l'avis de son conseil et confié l'administration de l'île aux chevaliers hospitaliers, il partit avec son armée et sa noblesse pour Ptolémaïs, où se fit peu après la cérémonie du mariage.

Un vif chagrin frappa le nouveau roi dès les premiers jours de son installation. Les croisés allemands, mécontents du choix d'Isabelle fait au préjudice de leur nationalité, se rembarquèrent laissant Amaury exclusivement chargé du poids de la guerre. Celui-ci s'adressa au Saint-Père pour solliciter les secours de l'Europe chrétienne, et Foulques de Neuilly prêcha la croisade. Mais déjà le caractère de ces expéditions était changé, et les croisés, partis d'Europe pour enlever Jérusalem à un soudan musulman, s'emparèrent de Constantinople sur un empereur chrétien. En vain Amaury fit retentir l'Europe de ses plaintes; on le laissa en butte aux coups de l'ennemi, et son héroïsme seul dut suppléer à l'insuffisance de ses forces. Il disputa pièce à pièce les lambeaux de son royaume, battit les Sarrasins dans diverses rencontres, leur reprit plusieurs places, et il semblait sur le point de fixer la fortune, lorsqu'un mal étrange interrompit brusquement le cours de ses travaux. S'étant, suivant l'usage des fidèles, rendu à Kaïfa pour y cueillir des palmes, il tomba malade et mourut à Ptolémaïs le 1er avril 1205. Son corps fut transporté en grande pompe à Nicosie et inhumé dans l'église cathédrale latine de Sainte-Sophie. Ses enfants étaient :

DU PREMIER LIT :

1º Hugues, qui suit ;

2º Guy de Lusignan, mort jeune ;

3º Jean de Lusignan, nommé prince titulaire d'Antioche et connétable de Chypre. Il épousa sa nièce Isabelle de Lusignan dont il eut Hugues qui fut bayle, puis roi de Chypre sous le nom de Hugues III, et dont il sera parlé plus loin (page 52) ;

4º Bourgogne de Lusignan, mariée 1º à Raymond VI, comte de Toulouse, et 2º à Gauthier de Montbéliard ;

5º Helvis de Lusignan, mariée en premières noces à Eudes de Dampierre, et en secondes noces à Rupin, fils de Raymond III, comte de Tripoli.

DU SECOND LIT :

6º Amaury de Lusignan, mort jeune, au mois de février 1205 ;

7º Sybille de Lusignan, mariée à Livon, premier roi catholique d'Arménie ;

8º Mélissende de Lusignan, mariée à Boémond IV, prince d'Antioche, surnommé le Borgne. La fille de cette princesse est connue par la cession de ses droits au trône de Jérusalem qu'elle fit au duc d'Anjou, frère de saint Louis, cession qui donna lieu aux événements déplorables que nous verrons se développer sous le règne de Hugues III.

X. — Hugues de LUSIGNAN, roi de Chypre, 1er du nom, succéda à son père sous la régence de Gauthier de Montbéliard, son beau-frère. Devenu majeur, il se fit couronner en 1211 à Nicosie, ainsi que sa femme Aloïse, fille de Henry II, comte palatin de Champagne et de Brie, et d'Isabeau, reine de Jérusalem, princesse aussi remarquable par sa beauté que supérieure par son esprit et sa sagesse. Il fit partie peu de temps après, et conjointement avec les rois de Hongrie et de Jérusalem, et les ducs d'Autriche et de Bavière, d'une expédition infructueuse contre le château de Thabor. On se rejeta sur Damiette, qui fut prise, et le siége fut établi devant le Caire; mais une subite inondation vint soustraire cette ville aux armes des chrétiens. Le chagrin que le roi de Chypre ressentit de cette défaite, qui n'avait pas coûté un seul soldat à l'ennemi, abrégea ses jours; une de ces maladies de langueur, contre lesquelles les ressources de l'art sont impuissantes, l'enleva dans la force de l'âge à Tripoli, en mars 1218, avant d'avoir pu réaliser aucun de ses projets formés sur un royaume qu'il avait, disait-il, trouvé de briques et qu'il voulait laisser de marbre. On l'inhuma à Nicosie dans l'église des Hospitaliers. Il laissa :

1º Henry, qui suit;

2º Marie de Lusignan, mariée à Gauthier, comte de Brienne;

3º Isabelle de Lusignan, mariée 1º à Henry de Brienne, prince d'Antioche, 2º à son oncle Jean de Lusignan dont elle eut Hugues III, roi de Chypre, qui sera rappelé plus loin. (Page 32.)

XI. — Henry de LUSIGNAN, Ier du nom, roi de Chypre, n'était âgé que de neuf mois quand son père mourut. Sa jeunesse fut persécutée par son parent Frédéric II, empereur d'Allemagne. Ce monarque ayant fait la paix avec le soudan d'Egypte, repassait en Europe, lorsqu'il s'arrêta en Chypre dont il convoitait la possession, et fit, par une insigne trahison, le jeune Henry prisonnier. Heureusement ce prince trouva moyen d'échapper à ses ennemis, et ayant appelé à lui sa brave noblesse commandée par Jean d'Ibelin, seigneur de Bérouth, la mena aux Impériaux et défit complétement Richard d'Eslinger, grand-maréchal de Frédéric, qui les commandait.

Réintégré dans l'héritage de ses pères par sa valeur et par la prudence du seigneur de Bérouth, son plus grand homme de guerre et son plus fidèle sujet, Henry Ier reçut, en 1248, saint Louis dans son île, le conduisit à Nicosie et le logea dans son palais. Pendant l'hiver il prit part aux conseils qui se tinrent sur les plans de la campagne et opina pour aller assiéger Damiette, contrairement aux chevaliers de l'Hôpital et du Temple, qui voulaient marcher sur Saint-Jean-d'Acre, dont la conquête ouvrait le chemin de Jérusalem, reprise par Nedjmeddin. Déjà ébranlé par ces raisons, saint Louis fut tout à fait décidé lorsqu'il vit Lusignan et tous les grands seigneurs de l'île prendre la croix et lui annoncer l'intention de le suivre.

Les chevaliers français de la suite de saint Louis et les croisés de l'île de Chypre partirent au printemps de l'année 1250. On connaît les désastres de cette croisade dans laquelle les deux rois furent faits prisonniers. Henry, délivré, retourna dans ses États et mourut à Nicosie le 8 janvier 1253. Il avait épousé 1° Alix, fille de Guillaume IV, marquis de Montferrat, morte en couche en 1233 pendant le siége de Nicosie; 2° en 1238, Stéphanie, sœur d'Haiton Ier, roi d'Arménie, et 3° en 1250, Plaisance d'Ibelin, fille de Boemond V, prince d'Antioche. Il ne laissa qu'un fils de sa troisième femme.

XII. — Hugues de LUSIGNAN, IIe du nom, comme roi de Chypre et de Jérusalem, succéda à son père sous la régence de Plaisance d'Antioche sa mère.

L'an 1254, Plaisance passa en Palestine pour épouser Balian d'Ibelin, son parent, dont elle se sépara au bout de quatre ans, à la suite du mariage de son fils avec Isabeau d'Ibelin, mariage qu'on avait fait contracter à ce jeune prince, quoiqu'il ne fût qu'un enfant. Plaisance alla fixer sa demeure à Tripoli, et mourut la même année.

Il était urgent d'aviser à l'administration du royaume et de nommer un tuteur au roi. Le choix des grands feudataires tomba sur Hugues de Lusignan, fils de Jean de Lusignan, prince d'Antioche et petit-fils, par Isabelle sa mère, de Hugues de Lusignan, roi de Chypre, Ier du nom. (Page 26.) Déclaré bayle du royaume, il prit les rênes de l'Etat et rendit d'immenses services. C'est en cette qualité qu'il conduisit en 1265 dans le port d'Acre une flotte destinée à opérer contre le sultan Ben-Docdar.

Le jeune pupille, autant par raison de santé que pour être moins exposé aux surprises des Sarrasins, avait été ramené en Chypre; mais la maladie qui le consumait ne laissa bientôt plus d'espoir et l'enleva au mois de novembre 1267, à l'âge de quatorze ans et avant qu'il eût rien pu entreprendre de considérable [1]. A défaut d'héritiers directs de la couronne, Hugues de Lusignan, déjà bayle de Chypre, se mit en mesure de faire valoir ses droits. Nous en parlerons plus loin. (Page 32.)

---

[1] Il est à remarquer qu'on ne connaît jusqu'à ce jour aucune monnaie frappée sous le règne de Hugues II. Cette circonstance autorise à croire qu'on ne frappait pas monnaie en Chypre pendant la minorité du roi, le bayle ou régent étant exclu de ce droit.

BRANCHE DES COMTES D'EU.

IX. — Raoul de Lusignan, seigneur d'Issoudun, de Melle et de Sivray, était le sixième fils de Hugues VIII de Lusignan et de Bourgogne de Rancon de Taillebourg. Tandis que ses frères Geoffroy, Amaury et Guy allaient conquérir des couronnes en Orient, Raoul, non moins heureux, acquérait sans s'expatrier le comté d'Eu en épousant Alix, sœur du dernier comte d'Eu, appelé Raoul Ier. Lusignan se fit reconnaître sous le nom de Raoul II en 1126.

Son attachement au roi d'Angleterre Henry II, dont il était le vassal, lui attira deux ans après la colère du roi de France; mais il persista dans le serment qu'il avait prêté, et demeura constamment fidèle à Henry II et à Richard son successeur. Il ne fallut rien moins pour le détacher du parti des Anglais que l'insulte faite à son neveu Hugues X, dit le Brun, par le roi Jean. Ce souverain, comme nous l'avons vu, lui avait enlevé sa fiancée au moment même de ses noces. Raoul en cette occurrence se rangea du côté de son parent et prit les armes contre le roi d'Angleterre. Néanmoins on a la preuve qu'il fit plus tard sa paix avec son suzerain, puisqu'on le voit se déclarer en 1214 pour le roi d'Angleterre et combattre dans son armée à la bataille de Bouvines contre le roi de France. Philippe-Auguste le punit de sa félonie par la confiscation de ses biens.

Obligé, pour soustraire sa tête au ressentiment royal, de fuir la France, où il ne possédait plus un coin de terre, Raoul se souvint que ses frères gagnaient des royaumes et des duchés en Palestine. Il se rendit auprès d'eux, pauvre, dénué de tout, mais bouillant de courage et d'ambition. Sa valeur le fit bientôt distinguer et placer au rang des premiers capitaines de l'armée chrétienne; malheureusement la mort vint l'arrêter dans la prestigieuse carrière qu'il annonçait devoir parcourir. S'étant rendu en Egypte, il succomba devant Damiette assiégée par les croisés au commencement de l'année 1249. Un fils unique devait continuer la descendance de Raoul.

X. — Raoul de Lusignan, comte d'Eu, IIIe du nom, se trouvait, ainsi que sa mère, sans autres ressources que celles qui lui venaient de la pitié du roi de France; mais Alix, à la mort de son époux, réclama sa réintégration dans le comté d'Eu qui provenait de son chef. Il s'ensuivit au mois d'août de la même année un accommodement aux termes duquel Philippe-Auguste rendit le comté d'Eu moyennant la cession qui lui était faite en toute propriété des seigneuries d'Arques et de Driencourt, appelées depuis de Neufchâtel et de Mortemar.

Le jeune Lusignan, remis ainsi en possession des domaines de sa famille, se fit reconnaître en qualité de comte d'Eu sous le nom de Raoul III, et épousa en 1222 Jeanne de Bourgogne, fille du duc Eudes III. Cette union eut peu de durée; la jeune épouse mourut, dit-on, d'une fausse couche. Un autre mariage contracté avec Yolande, fille de Robert II, comte de Dreux, n'eut pas une issue plus favorable. Enfin une troisième union entre Raoul et Philippète, fille de Simon de Dammartin, comte de Ponthieu, fut plus heureuse.

Raoul mourut en 1249, ne laissant qu'une fille née de son troisième mariage. Cette fille, appelée Marie,

seule héritière de son père, épousa Alphonse de Brienne
Acre, auquel elle apporta en dot la souveraineté du
comté d'Eu.

TROISIÈME BRANCHE DES ROIS DE CHYPRE ET DE JÉRUSALEM.

XI. — Hugues de Lusignan, IIIe du nom, se mit,
par droit d'hérédité, après la mort de Hugues II, en
possession du royaume de Chypre, dont il avait été
nommé bayle, et fut couronné, le jour de Noël 1267,
par le patriarche de Jérusalem, qui faisait alors ses
visites pastorales. Deux ans plus tard, il se fit couronner à Tyr, en qualité de roi de Jérusalem, et en prit
le titre, qui ne tarda pas à lui être contesté par Marie,
fille de Boëmond IV, prince d'Antioche. La division
qui s'éleva à ce sujet dans le royaume, quoiqu'assez
grave, n'empêcha pas Hugues de faire, contre les infidèles, diverses expéditions dont le succès ne répondit
pas à la valeur qu'il y montra. Les affaires tournèrent
si mal en Palestine, que, le 21 avril 1272, il fut obligé
de conclure, avec le sultan Ben-Docdar un traité qui
réduisit le royaume de Jérusalem à la place d'Acre et
au chemin de Nazareth. La princesse Marie d'Antioche
ne cessa de lui disputer ce royaume presque anéanti,
jusqu'à ce que, désespérant de ses propres forces, elle
passa en Occident, et céda, en 1277, ses prétentions à
Charles Ier, roi de Sicile; ce dernier, dès l'année suivante, envoya une flotte en Palestine, sous les ordres de
Roger de Saint-Séverin, et se rendit maître d'Acre[1].

---

[1] Depuis cette époque, les rois de Sicile et les rois de Naples (aujour-

Avec une prudence consommée, une valeur brillante, un esprit cultivé, un vif amour des lettres, toutes les qualités d'un roi et d'un soldat, Hugues III ne fut heureux ni dans la paix ni dans la guerre. La famine, la peste et les Sarrasins désolèrent à l'envi ses Etats, sans compter les entraves que lui opposa souvent Marie d'Antioche. Saint Thomas lui a rendu justice en lui dédiant son livre : *du Gouvernement des princes.*

Hugues mourut à Tyr, le 26 mars 1284. Isabelle, son épouse, fille de Guy d'Ibelin, vécut jusqu'en 1327. Cette princesse mourut au château d'Agredi, où elle s'était retirée sur la fin de sa carrière. Ils avaient eu cinq fils et quatre filles :

1º Jean, qui suit ;

2º Henry de Lusignan, qui succéda à son frère Jean ;

3º Boëmond de Lusignan, religieux de l'ordre des frères prêcheurs, décédé avant son père ;

4º Amaury de Lusignan, prince titulaire de Tyr, épousa Isabelle, sœur du roi d'Arménie Oissime, et fut assassiné en 1310. Sa postérité régna en Arménie (voir page 69) ;

5º Guy de Lusignan, connétable de Chypre, fut mis à mort en 1311 par ordre de son frère Henry. Sa postérité régna en Chypre (voir pages 38 et 39) ;

6º Marie de Lusignan, femme de Jacques II, roi d'Aragon ;

7º Marguerite de Lusignan, épouse de Théodore ou Thoros, prince d'Arménie ;

8º Alix de Lusignan, mariée à Balian d'Ibelin, prince de Galilée ;

9º Helvis de Lusignan.

XII. — Jean de Lusignan, Ier du nom, roi de Chypre et de Jérusalem, ne fit que passer sur le trône et n'eut

d'hui rois des Deux-Siciles), successeurs de Charles d'Anjou, ont toujours pris sur leurs monnaies et dans leurs actes le titre de roi de Jérusalem, qu'ils portent encore concurremment avec les rois de Sardaigne, héritiers réels et légitimes des Lusignans.

pas le temps de se faire connaître à ses sujets. L'année même où il succéda à son père eurent lieu ses deux couronnements, celui de roi de Chypre à Nicosie et celui de roi de Jérusalem à Acre. Sa santé débile laissait déjà peu d'espoir de le conserver, et à peine de retour, il mourut à Nicosie, le 20 mai 1285, âgé de trente-trois ans, sans laisser de postérité. La couronne revint à son frère Henry, qui suit.

XII. — Henry de Lusignan, II° du nom, roi de Chypre et de Jérusalem, était le frère puîné de Jean, dont il vient d'être question. Paisible dans ses États de Chypre, il dut conquérir sa couronne de Jérusalem les armes à la main, car, à la mort du roi Jean, un officier du roi de Naples, nommé Hugues Pélichin, en avait pris possession au nom de son maître Charles II d'Anjou. Henry livra l'assaut au château de Saint-Jean d'Acre et s'en empara, grâce peut-être à la catastrophe des vêpres siciliennes, qui le débarrassa de son compétiteur. Une fois maître de cette place, son premier soin fut de s'y faire couronner roi de Jérusalem, le 27 décembre 1286. Il y établit les ordres hospitaliers du Temple et de Saint-Jean, et regagna l'île de Chypre.

De tant de places que Godefroy de Bouillon et ses successeurs avaient conquises, il ne restait plus que la seule ville de Saint-Jean d'Acre. Tous les chrétiens grecs et latins de différentes nations s'y étaient réfugiés, et ce qui eût dû en faire la force causait sa faiblesse, par la jalousie des chefs de ces différents corps, qui se prétendaient indépendants les uns des autres. Ces dissensions entre tant de nations différentes obligées de prendre les intérêts particuliers de leurs chefs les faisaient se suspecter et se haïr réciproquement. Cette malheureuse ville renfermait dans son enceinte ses plus cruels ennemis. Elle les trouvait surtout dans un grand nombre de soldats de la garnison, et même dans la plupart des habitants, gens noircis des crimes les plus affreux. Le Soudan, au courant de ce qui se passait, rassembla une puissante armée et vint mettre le siége devant la place, le 5 avril 1291, avec l'intention formelle de chasser définitivement tous les chrétiens de la Syrie. On prétend qu'il avait 160,000 hommes de pied et 60,000 chevaux.

Henry, qui prenait toujours le titre de roi de Jérusalem, s'en vint au secours de Saint-Jean d'Acre, et débarqua dans le port à la tête de deux cents chevaliers et de cinq cents hommes de pied. C'était un faible secours contre la puissance formidable du Soudan, et d'ailleurs les préventions n'étaient pas favorables aux capacités du prince chrétien; aussi la garnison, reconnaissant la nécessité d'un chef habile, déféra le commandement au grand maître des Templiers, à la grande humiliation du roi de Chypre.

Les infidèles ne tardèrent pas à donner l'assaut. Le roi, qui se trouvait en cet endroit, tint ferme avec ses Chypriotes dont un grand nombre périt dans cette action, jusqu'à ce que la fin du jour eût fait cesser le combat. Prétextant alors que ses troupes avaient besoin de repos, il pria les chevaliers teutoniques d'occuper son poste pendant la nuit, mais, en quittant la brèche, il se rendit au port, s'embarqua sur ses vaisseaux, et regagna son île, abandonnant la défense de la ville, qui fut prise trois jours après. Ici se présente une accusation bien grave de lâcheté que les historiens ont fait planer sur Henry, mais sa conduite doit être qualifiée moins sévèrement si l'on se rend compte de la position de ce prince. En effet, comme la mer était libre, et que pendant toute la durée du siége les vaisseaux chrétiens abordaient dans le port, la plupart des habitants, et surtout les plus riches, s'étaient embarqués avec leurs femmes, leurs enfants et leurs effets les plus précieux. Quelques-uns s'étaient réfugiés dans les ports de la Grèce et de l'Italie, mais le plus grand nombre avait cherché un asile dans l'île de Chypre, qui y gagna un accroissement de prospérité. La présence de Henry était donc nécessaire en Chypre, et il eût manqué à ses devoirs de souverain de ce royaume s'il se fût sacrifié plus longtemps pour la défense d'une ville qui n'offrait aucune chance de salut, et qui, d'ailleurs, ne contenait plus un seul de ses sujets.

Henry ne fut guère plus heureux en Chypre qu'à Saint-Jean d'Acre. Il avait donné retraite dans son île aux Hospitaliers et aux Templiers après leur expulsion de la Terre-Sainte; mais, dans la crainte qu'ils ne se rendissent aussi puissants qu'ils l'avaient été en Palestine, il leur avait défendu d'y acquérir aucun fonds et les avait, en outre, assujettis à une espèce de capitation générale, dans laquelle le clergé de son royaume et le corps de la noblesse étaient compris comme le menu peuple. Le pape, qui ne négligeait aucun prétexte pour étendre son autorité, traita cette imposition de pure entreprise sur les priviléges qu'il avait plu au Saint-Siége d'accorder aux ordres militaires, et en écrivit au roi de Chypre dans les termes les plus absolus. Ces lettres de l'impérieux pontife blessèrent Henry de Lusignan, dont la réponse fut qu'il ne souffrirait point au milieu de ses Etats des gens qui se prétendaient indépendants de toute autre puissance que celle des papes. La capitation continua à être exigée.

Les Templiers, naturellement fiers et hautains, et se prévalant d'avoir été propriétaires de l'île de Chypre, vendue jadis par eux à Guy de Lusignan, avaient acquis une espèce d'indépendance, qui se trouvait froissée au dernier point par les mesures fiscales du roi. Ils fomentèrent des mécontentements, et mirent à la tête des opposants le frère du roi, Amaury, prince titulaire de Tyr. Ce prince ambitieux, qui aspirait depuis longtemps au pouvoir, profita de cette circonstance pour s'en emparer en 1304, et ne laissa à Henry que le titre de roi. Quatre années se passèrent sans que l'usurpateur éprouvât de contradiction; mais, au bout de ce temps, Henry, excité par les plaintes de ses partisans, songea à reprendre l'autorité. Les conjurés étaient réunis dans le palais du sénéchal, à Nicosie, lorsqu'Amaury, instruit de leur trame, vint les y attaquer. Henry avait trop compté sur le dévouement des siens. Il se défendit d'abord avec courage, mais, lâchement abandonné, il fut saisi et renfermé dans une étroite prison.

Le peuple avait d'abord été frappé de stupeur, mais, ce premier moment passé, on commença à se reprendre de compassion pour le roi malheureux. Cette sympathie populaire laissait craindre un nouveau soulèvement, et, pour en détruire tout prétexte, Amaury fit enlever son compétiteur, le 1er février 1309, et l'envoya à son beau-frère Oissime, roi d'Arménie, qui le confina au château de Lambron, dans les montagnes voisines de la Cilicie. Amaury fit ensuite déclarer le roi son frère inhabile au gouvernement, et il se disposait à prendre la couronne pour lui-même, lorsqu'un chambellan appelé Simonet de Mons, toujours fidèle à son premier maître, quoiqu'il eût passé au service de

l'usurpateur, le poignarda dans son lit. Il s'ensuivit
une nouvelle révolution, à l'occasion de laquelle un autre
frère du roi, Guy, connétable de Chypre, essaya de
s'emparer du gouvernement; mais, heureusement pour
le monarque légitime, la reine-mère veillait. Cette princesse s'étant créé un parti considérable, prit les rênes
de l'Etat au nom de son fils, qu'elle parvint à faire revenir, en l'échangeant contre la veuve du prince Amaury,
sœur du roi d'Arménie.

Une amnistie signala le retour du roi, et le connétable n'en fut pas même excepté; mais, plus tard, ce
dernier ayant fait des tentatives pour échapper à la sur-
veillance dont il était l'objet, fut envoyé prisonnier à
la citadelle de Cérines. La découverte d'une conjura-
tion dont il était le chef le fit mettre à mort, en 1311,
avec quelques-uns de ses complices.

Henry, paisible possesseur de sa couronne, ne songea
plus qu'à faire le bonheur de son peuple, et l'île de
Chypre devint une des contrées les plus heureuses et
les plus florissantes du monde. Ce fut un deuil général
lorsqu'un accès de mal caduc vint le ravir à l'amour
de ses sujets. Il mourut à Strovilo, près de Nicosie, le
31 mars 1324, sans laisser d'enfants de sa femme Con-
stance, fille de Frédéric, roi de Sicile, avec laquelle il
était marié depuis six ans. Ses restes mortels furent
déposés dans l'église de Saint-François de Nicosie. La
veuve du roi Henry se remaria, en 1329 à Livon III,
roi d'Arménie, et la couronne de Chypre passa à Hugues, fils du connétable Guy de Lusignan, qui avait été
mis à mort en 1311.

QUATRIÈME BRANCHE DES ROIS DE CHYPRE ET DE
JÉRUSALEM.

XII. — Guy de Lusignan, connétable de Chypre,
était le cinquième fils de Hugues III et d'Isabelle d'Ibelin. Nous avons vu comment il s'était rendu indigne
des bontés du roi Henry, son frère, et le sort funeste
que lui attira son ambition en 1311. Surpris en fla-
grant délit de conspiration contre la vie du souverain,
il fut condamné à la peine capitale, ainsi que ses complices. Guy avait épousé Esquive d'Ibelin, dont il eut
un fils nommé Hugues, qui suit :

XIII. — Hugues de Lusignan, IVe du nom, roi
de Chypre et de Jérusalem, fut appelé, en 1324, à
succéder à son oncle le roi Henry II. Le jeune prince,
qui, malgré la fin déplorable de son père, n'avait pas
perdu les bonnes grâces de Henry, fut élevé à la cour
et traité en héritier présomptif de la couronne; son
mariage avec Alix, fille de Balian d'Ibelin, fut même
contracté, en 1319, sous les auspices de son oncle.
Le roi Henry, malgré la perte de son royaume de Jérusalem, en avait toujours conservé le titre, et avait re-
commandé en mourant que ses successeurs n'y re-
nonçassent jamais; c'est pourquoi Hugues IV, après
avoir été couronné roi de Chypre à Nicosie, se fit encore couronner roi de Jérusalem à Famagouste. Son
règne fut marqué de très-peu d'incidents graves : le
plus important est sa participation à la ligue conclue
contre les Turcs entre le pape Clément VI, les Vénitiens et les chevaliers de Saint-Jean, et qui eut pour

résultat la prise de Smyrne, en 1344. L'état du commerce et de l'industrie fut très-florissant sous son règne. Voici comment s'exprime à ce sujet M. de Mas-Latrie, dans ses intéressants travaux sur l'île de Chypre : « La prise de Saint-Jean-d'Acre par les Arabes qui mit fin à la domination des chrétiens de la Terre-Sainte, en privant les Occidentaux des marchés où ils venaient tous en sûreté chercher les productions asiatiques, eut les plus heureux résultats pour le développement du commerce et de l'industrie du royaume des Lusignans. Les marchands des grandes cités commerçantes, comme Venise, Gênes, Pise, Marseille, Barcelonne, qui parvinrent à obtenir des sultans du Caire le renouvellement de leurs priviléges dans les villes de Syrie et d'Egypte, loin d'interrompre leurs relations avec l'île de Chypre, fréquentèrent en plus grand nombre les villes et les ports, y installèrent des consuls, y acquirent des immeubles, y fondèrent des établissements commerciaux pour correspondre avec leurs fondouks d'Egypte ou de Turquie et recevoir en dépôt les marchandises qu'ils étaient toujours heureux d'abriter hors de l'atteinte des musulmans. Les armateurs des villes secondaires des côtes de la Méditerranée, qui n'étaient pas privilégiées des sultans, n'osant tenter le commerce direct avec l'Egypte que l'avidité et le fanatisme des Arabes rendaient toujours périlleux, trop faibles d'ailleurs pour faire respecter leurs pavillons si loin de l'Europe, vinrent de préférence dans les villes de l'île de Chypre, à Famagouste, à Limisso, à Paphos, à Cérines, à Nicosie, dont les magasins bien approvisionnés remplacèrent avantageusement pour eux ceux de Saint-Jean-d'Acre, de Tyr ou d'Alep. »

Un prêtre allemand, homme instruit et observateur,

qui passait dans l'île de Chypre en se rendant au Saint-
Sépulcre, vers l'an 1341, a laissé un curieux témoignage de la prospérité du pays, dans le récit de son pélerinage. Il avait admiré Constantinople et la reine de
l'Adriatique; mais Famagouste le surprit davantage encore. Quand il vit cette foule de Grecs, d'Arméniens,
d'Arabes, de Turcs, d'Ethiopiens, de Syriens, de Juifs,
au milieu des marchands venus de la Vénitie et de
l'Allemagne, de la Ligurie et des Deux-Siciles, du Lan-
guedoc, de la Flandre, de l'Aragon, des Baléares, se
presser sur le port et dans les rues de Famagouste;
quand il entendit ces langages divers; quand il vit ces
costumes variés, ces magasins toujours remplis de cha-
lands, ces seigneurs et ces marchands rivalisant de luxe
et d'ostentation, ces courtisanes effrontées (car le tableau
était complet), qui semblaient ramener en Chypre les
temps les plus licencieux d'Amathonte et de Gomorrhe,
le bon curé de Saxe fut étourdi, ébloui, et, comme on
le pense bien, scandalisé. « Il y a dans ce pays de Chypre,
« écrit-il à l'évêque de Paderbornn, les plus généreux et
« les plus riches seigneurs de la chrétienté. Une fortune
« de trois mille florins annuels n'est pas plus estimée
« ici qu'un revenu de trois marcs chez nous. Mais les
« Chypriotes dissipent tous leurs biens dans les chasses,
« les tournois et les plaisirs. Le comte de Jaffa, que
« j'ai connu, entretient plus de cinq cents chiens pour
« la chasse.... Les marchands de Chypre ont acquis
« aussi d'immenses richesses; et cela n'est pas éton-
« nant, car leur île est la dernière terre des chré-
« tiens vers l'Orient; de sorte que tous les navires et
« toutes les marchandises, de quelques rivages qu'ils
« soient partis, sont obligés de s'arrêter en Chypre. De
« plus, les pélerins de tous les pays qui veulent aller

« outre-mer doivent descendre d'abord en cette île.
« De sorte que l'on peut y savoir à tous les instants
« de la journée, depuis le lever jusqu'au coucher du
« soleil, par les lettres ou les étrangers qui y viennent
« incessamment, les nouvelles et les bruits des contrées
« les plus éloignées. Aussi les Chypriotes ont-ils des
« écoles particulières pour apprendre tous les idiomes
« connus. Quant à la ville de Famagouste, c'est une des
« plus riches cités qui existent. Ses habitants vivent
« dans l'opulence. L'un d'eux, en mariant sa fille, lui
« donna, pour sa coiffure seule, des bijoux qui valaient
« plus que toutes les parures de la reine de France en-
« semble, au dire des chevaliers français venus avec
« nous en Chypre. Un marchand de Famagouste vendit
« un jour au sultan d'Egypte, pour le sceptre royal, une
« pomme d'or enrichie de quatre pierres précieuses,
« une escarboucle, une émeraude, un saphir et une perle.
« Ce joyau coûta 60,000 florins; quelque temps après la
« vente, le marchand voulut le racheter, et en offrit
« 100,000 florins, mais le sultan les refusa. Le connétable
« de Jérusalem avait quatre perles que sa femme fit mon-
« ter en agrafe; on aurait pu, sur chacune d'elles,
« trouver à emprunter 3,000 florins partout où on au-
« rait voulu.

« Il y a dans telle boutique que ce soit de Famagouste
« plus de bois d'aloës que cinq chars n'en pourraient
« porter. Je ne dis rien des épiceries : elles sont aussi
« communes dans cette ville, et s'y vendent en aussi
« grande quantité que le pain.

« Pour les pierres précieuses, les draps d'or et les
« autres objets de luxe, je ne sais que vous dire; on ne
« me croirait pas dans notre pays de Saxe.

« Il y a aussi à Famagouste une infinité de courti-

« sanes ; elles s'y sont fait des fortunes considérables,
« et beaucoup d'entre elles possèdent plus de 100,000
« florins ; mais je n'ose vous parler davantage des ri-
« chesses de ces infortunées. »

On doit aussi à Hugues de Lusignan, ainsi qu'à son fils
Pierre II, les monnaies appelées *vieux besants de Chypre*.
Il avait fait établi un hôtel des monnaies à Famagouste,
où les marchands vendaient, suivant un tarif déterminé,
des métaux, et surtout de l'argent, qu'ils apportaient des
pays étrangers. On sait que Boccace lui dédia son livre
de la Généalogie des dieux. Hugues, fatigué des soucis
du trône, abdiqua, en 1360, en faveur de Pierre, son
fils aîné, mais il ne jouit pas longtemps de ce repos,
car la mort l'enleva en 1361, à l'âge de 64 ans. Il eut
d'Alix d'Ibelin, sa femme, cinq fils et deux filles :

1º Pierre, qui suit ;

2º Guy de Lusignan, prince de Galilée et connétable de Chypre, qui
épousa Marie, fille de Louis Iᵉʳ de Bourbon, et mourut, laissant un fils
nommé Hugues, qui fut sénateur de Rome ;

3º Jacques de Lusignan, prince d'Antioche, connétable de Chypre, qui
devint roi de Chypre en 1384 (voir page 50) ;

4º Jean de Lusignan, assassiné, en 1375, par ordre de son neveu Pierre II
(voir page 50) ;

5º Thomas de Lusignan, qui se noya le 15 novembre 1340 ;

6º Isabelle de Lusignan, qui périt avec Thomas ;

7º Cive de Lusignan, mariée à Ferdinand, infant de Mayorque.

XIV. — Pierre de Lusignan, roi de Chypre et de
Jérusalem, Iᵉʳ du nom, fut couronné roi de Chypre du
vivant de son père, en 1360. Il avait, dès sa jeunesse,
juré une haine implacable aux musulmans, et, pour ne
pas laisser refroidir ce sentiment, il avait, n'étant encore que comte de Tripoli, organisé une association

de chevaliers, dont le but était de recommencer à la première occasion la guerre contre les infidèles. Un écrivain du temps, Guillaume de Machaut, qui avait voyagé en Orient et séjourné à la cour de Nicosie, nous fait ainsi connaître la devise et les emblêmes de cette corporation militaire.

Et vesci l'ordre et la devise :
Il portait entre toute gent
Une espée de fin argent
Qui avoit le pommel desseure
En signe de crois, qu'on asseure,
Assise en un champ azuré
De toutes couleurs espuré.

Et s'avoit lettres d'or entour
Qui estoyent faites à tour,
Disans, bien m'en doibt souvenir.
C'est pour loiaulté maintenir ;
Car je l'ay mille fois veu
Sus les chevaliers et leu.

C'est, on le voit, la restauration de l'ordre de l'Epée fondé en 1190 par le premier roi de Chypre, Guy de Lusignan, et que laissait tomber en désuétude la politique pacifique adoptée dans les dernières années du règne de Hugues IV. A l'avénement de Pierre Ier, l'ordre de l'Epée fut en grand honneur, et les successeurs de ce prince lui conservèrent son prestige en ne l'accordant que dans des occasions importantes aux personnes qu'ils voulaient honorer. Pierre ayant occupé, durant son séjour à Venise en 1363 et 1364, le palais Cornaro, remit à Frédéric, son hôte, les insignes de son ordre, que la famille Cornaro, qu'on verra un siècle plus tard sur le trône de Chypre, porta depuis dans ses armes. Frédéric, pour perpétuer cet honneur, avait fait peindre sur la façade de son palais, du côté du grand canal, le roi et la reine assis sur leurs trônes, et aux côtés l'écu de l'ordre de l'Epée avec les armes des rois de Chypre[1].

[1] Ces armes étaient, d'après les peintures du palais Cornaro (seul monument original auquel nous puissions nous référer pour cette époque),

Pierre Ier, afin de donner plus d'éclat à l'institution qu'il avait créée, plaça ses emblêmes et sa devise dans le sceau qu'il employait ordinairement. C'est ce que l'on apprend d'une attestation inscrite par le chancelier de la république de Gênes dans le *Liber jurium* après la copie du renouvellement des priviléges commerciaux des Génois en Chypre, accordé par ce prince le 5 mars 1363. Il est cependant à remarquer que ces armes étaient seulement sur le sceau particulier du prince, et non sur le grand sceau royal.

Peu de temps après son inauguration, Pierre Ier envoya des troupes au secours du roi chrétien d'Arménie, attaqué par les infidèles, tandis qu'à la tête d'une armée navale, composée de ses propres forces et de celles des chevaliers de Rhodes et des Catalans, il se rendit maître de la ville de Satalie. Continuant le cours de ses opérations militaires, il obligea les princes musulmans de Cilicie à lui payer tribut, en 1362, après quoi, il s'en revint en Chypre, triomphant et chargé de butin. L'année suivante, des affaires l'ayant appelé en Occident, il laissa le gouvernement à son frère Jacques, connétable de Chypre. Accompagné de son fils et de Philippe de Maizières, son chancelier, le roi Pierre s'en fut trouver le pape Urbain V à Avignon, où il rencontra Jean, roi

écartelées : aux 1 et 4 *d'argent à la croix d'or potencée et cantonnée de quatre croisettes du même*, qui est de Jérusalem ; *aux 2 et 3 burelé d'argent et d'azur, au lion de gueules, couronné, brochant*, qui était de Lusignan-Chypre avant qu'on eût pris le lion de gueules couronné sur champ d'argent pour Chypre, et le lion de gueules sur champ d'or pour Arménie, qui ne furent adoptés que plus tard, après la réunion fictive de la couronne d'Arménie à la royauté des Lusignans sous le roi Jacques Ier.

La devise, *C'est pour loyauté maintenir*, était figurée dans l'écu de l'ordre sur une banderole qui passait par-dessus l'épée.

de France, qui promit de se croiser. De là, il parcourut l'Allemagne, les Pays-Bas et l'Angleterre pour exciter les princes et les peuples à la croisade, puis revint en France, où il assista aux funérailles du roi Jean, et au couronnement de Charles V. Il était de retour en Chypre le 28 septembre 1365. Pressé d'utiliser les secours qu'il ramenait avec lui, il s'arrêta à peine quelques jours, puis se rembarqua pour Alexandrie d'Egypte, qui fut prise au premier assaut le 9 octobre. On comptait dans l'armée chrétienne une assez grande quantité de mercenaires, qui, enrichis par quatre jours de pillage, remirent à la voile, laissant Lusignan avec trop peu de forces pour garder sa conquête. Le prince livra la ville aux flammes, puis regagna son île, où il fut reçu aux acclamations de toute la population.

Les représailles ne se firent pas attendre, et les Egyptiens saisirent tous les effets des chrétiens qui se trouvaient sur leur territoire. Venise surtout éprouva des pertes considérables; mais, à sa sollicitation, le roi de Chypre conclut un traité de paix, par lequel on convenait de rendre les prisonniers de part et d'autre. Ce traité portait, en outre, que le roi de Chypre aurait la moitié des droits que les marchandises paient à Tyr, à Bérouth, à Saïda, à Alexandrie, à Damiette, à Tripoli, à Jérusalem, à Damas. Ce droit était le dixième denier. On convint, de plus, que tous les chrétiens qui auraient un passe-port du roi de Chypre ne paieraient point les cinq florins de Florence pour entrer dans Jérusalem; mais ce traité, mal observé par les musulmans, fut ouvertement rompu au bout de dix-huit mois.

L'an 1368, pendant qu'il était à Rome pour obtenir de nouveaux secours, les Arméniens, se voyant sans roi, lui déférèrent le trône vacant de cette monarchie réduite presque à rien. Jean, son frère, alla aussitôt en prendre possession pour lui, mais l'élection de Pierre n'eut pas d'autre suite, à cause de la mort de ce prince, survenue l'année suivante, comme on va le voir.

Le vicomte de Nicosie, régent du royaume pendant les fréquentes absences du roi, vint jeter un sinistre éclat sur la vie de Pierre. Abusant du pouvoir qui lui était confié, il séduisit la reine Éléonore et osa tendre la main jusqu'à la couronne de son maître. Le roi, averti par un courrier que lui dépêcha secrètement un seigneur du nom de Visconti, revint brusquement, fit arrêter le traître, et le mit entre les mains de la justice pour être puni selon la rigueur des lois. Mais les lois, chez une nation si efféminée, n'avaient plus guère de rigueur; les juges, corrompus par les présents de l'accusé et le crédit de la reine, déclarèrent l'accusation mal fondée, et condamnèrent Visconti à un bannissement perpétuel, comme calomniateur. A la lecture de ce jugement, d'une vénalité manifeste, le roi tomba dans une sorte de démence furieuse. Il sévit avec une rage aveugle contre les partisans, les amis et les enfants du vicomte, entoura d'espions ses propres sujets, et fit bâtir une prison d'Etat, à laquelle, par un raffinement de vengeance, il contraignit toutes les classes de l'île et les femmes même, à travailler.

Dans le malheur commun, une jeune fille, Marie de Giblet, fille du vicomte de Nicosie, et une des victimes de la folie royale, imagina un étrange moyen d'exciter le peuple contre son roi. Un jour qu'elle était aux travaux, sous prétexte de marcher plus facilement avec les fardeaux dont on la chargeait, elle releva sa robe, découvrant effrontément la nudité de ses jambes et demeura dans cet état jusqu'à ce que le roi, qui venait régulièrement chaque jour visiter ses ouvriers, parut, suivi de toute sa cour. Sitôt qu'elle l'aperçut, elle laissa retomber ses robes, mais après qu'il fut passé, elle les releva de nouveau. Ce manége, indigne d'une jeune fille de haut rang dont la chasteté de mœurs était connue, éveilla l'attention, et, sur la demande du motif qui la faisait agir, elle répondit que : « Entre femmes on ne devait pas se « gêner, car elle ne pouvait regarder que comme des « femmes ceux qui n'avaient ni la hardiesse ni le cœur « de se débarrasser de la tyrannie. » Ce propos coûta la vie au roi. Les Chypriotes, rougissant de leur lâcheté, se ruèrent sur le palais, en forcèrent les portes, égorgèrent les sentinelles et parvinrent jusqu'à Lusignan, qui fut percé de cinquante coups de poignards dans son lit, à côté de la reine, le 16 janvier 1369. Le cadavre royal fut porté à Sainte-Sophie de Nicosie, et de là aux Dominicains, sépulture ordinaire des rois de Chypre.

Ce prince avait épousé Eléonore d'Aragon, qui lui donna un fils et trois filles :

1º Pierre qui suit ;

2º Cive de Lusignan, qui ne fut point mariée ;

3º Marie de Lusignan, femme de Jacques de Lusignan, seigneur de Bérouth, son cousin ;

4º Marguerite de Lusignan, épouse de Charles Visconti, seigneur de Parme.

XV. — Pierre de Lusignan, roi de Chypre et de Jérusalem, IIe du nom, monta sur le trône l'an 1369, à l'âge de 13 ans, sous la régence du prince Jean, son oncle, à l'exclusion de sa mère[1]. A un grand repas

---

[1] Il est souvent appelé Pierrin, traduction du nom de Piérino, sous lequel il fut désigné, à cause de son jeune âge, par les historiens italiens

donné pour les fêtes de son couronnement, dans la ville de Famagouste, des seigneurs vénitiens et génois se trouvèrent divisés par une question de préséance; on mit l'épée à la main et le sang coula. Choisi pour arbitre des prétentions réciproques, le roi de Chypre décida en faveur des Vénitiens. Cette préférence blessa l'orgueil génois, et les seigneurs de cette nation se rendirent le lendemain au palais avec des armes cachées sous leurs vêtements dans l'intention de s'en venger. Pierre, prévenu à temps, se saisit de huit d'entre eux et les fit jeter par les fenêtres de son palais. Gênes, furieuse, équipe, pour venger ses compatriotes, une flotte de quatorze mille hommes, commandée par Frégose, qui débarque dans l'île en 1373, la ravage, bat les troupes royales, prend Famagouste, et lève sur les habitants un tribut de 10,000 ducats. D'après le traité de paix qui suivit, et qui est daté de 1374, le connétable de Chypre, Jacques de Lusignan, oncle du roi et frère du régent, fut emmené ignominieusement, avec la princesse sa femme, jusqu'à Gênes, où on l'enferma dans une prison, dont nous ne le verrons sortir que pour monter lui-même sur le trône de Chypre.

Pierre n'avait pas oublié la mort de son père qu'il avait toujours conservé le désir de venger; il y était d'ailleurs vivement excité par sa mère. L'occasion se présenta. Après l'enlèvement du connétable par les Génois, l'assemblée du royaume avait confié la régence à la reine-mère, en excluant le prince Jean, oncle du roi, et principal auteur de la révolte dans laquelle le peuple avait égorgé Pierre Ier. Ce prince, froissé dans son

du quatorzième siècle qui ont parlé de la funeste invasion des Génois en Chypre; mais ce prince, dans ses actes officiels, prend et reçoit toujours, sans exception, le nom de Pierre.

ambition et dans sa vanité, voulut fomenter quelques troubles; c'est alors que la reine-mère vint se jeter aux pieds de son fils, en le suppliant de la débarrasser du traître qui lui faisait ombrage. Pierre II, avec un sang-froid que son âge rend inexplicable, fit amener son oncle en sa présence, et ordonna qu'il fût égorgé.

Trois ans après, le 13 mars 1378, le roi épousa Valentine, fille de Barnabé Visconti, seigneur de Milan, mais cette union ne fut pas de longue durée; Pierre mourut, le 17 octobre 1382, à l'âge de 26 ans, sans laisser d'enfants. Sa succession revenait à Jacques de Lusignan, qui était prisonnier des Génois.

CINQUIÈME BRANCHE DES ROIS DE CHYPRE, DE JÉRUSALEM ET D'ARMÉNIE.

XIV. — Jacques, Ier du nom, roi de Chypre, de Jérusalem et d'Arménie, était le troisième fils du roi Hugues IV, mort en 1361, et d'Alix d'Ibelin. Investi de la dignité de connétable de Chypre, il avait déployé un courage au-dessus de tout éloge lors de la prise de Famagouste par les Génois, mais, abandonné de ceux qui auraient dû le soutenir, il s'était vu livré aux ennemis et conduit avec sa famille dans les prisons de Gênes. C'est là qu'il se trouvait encore lorsque le roi Pierre II, son neveu, mourut sans laisser d'héritier direct. La couronne lui revenait de droit. Dans cette conjoncture, les Génois lui rendirent la liberté, mais à des conditions bien onéreuses. Avant de le laisser s'embarquer pour retourner dans ses Etats, ils exigèrent de Jacques qu'il leur laissât en toute souveraineté la ville de Famagouste, et s'engageât à leur payer un tribut annuel de 10,000 ducats. Les négociations avaient duré deux ans, et le prince captif s'était vu, pour recouvrer sa liberté et sa couronne, obligé de souscrire au traité, se réservant de lui donner plus tard une interprétation moins défavorable à ses intérêts.

De retour dans ses Etats à la grande joie de ses sujets, Jacques se fit couronner roi de Chypre à Nicosie en 1384; mais comme il espérait toujours rentrer dans la propriété de Famagouste, où ses prédécesseurs s'étaient fait sacrer rois de Jérusalem, il ajourna cette seconde cérémonie. Ce n'est qu'en 1393 qu'il se décida à recevoir à Nicosie la couronne de Jérusalem, suivie peu de temps après de celle d'Arménie, qui lui échut par la mort du roi Livon ou Léon, son cousin[1]. Mais les Turcs étaient maîtres de ces deux royaumes, et Jacques n'en eut jamais que le titre.

Ce prince mourut le 20 septembre 1398, âgé de 64 ans. Les enfants qu'il eut de ses deux mariages avec Agnès de Bavière et Cive d'Ibelin sont :

1° Janus ou Gen, dit Jean, qui suit;

2° Hugues de Lusignan, archevêque de Nicosie, assista au concile de Bâle, et fut promu cardinal de Saint-André en 1442. Il mourut la même année en Savoie, où il s'était fixé près de sa nièce, Anne de Lusignan, mariée à Louis de Savoie, prince de Piémont et d'Achaïe;

3° Philippe de Lusignan, connétable de Chypre, mort en 1420 sans laisser d'enfants;

4° Guy de Lusignan, connétable de Jérusalem, mort aussi sans enfants;

---

[1] On croit généralement que c'est à cette époque que les rois du nom de Lusignan réglèrent ainsi leurs armoiries : *écartelé :—au 1, d'argent à la croix potencée d'or, cantonnée de quatre croisettes du même,* qui est du royaume de JÉRUSALEM; *au 2, burelé d'argent et d'azur de dix pièces et au lion de gueules, couronné d'or, brochant,* qui est de Lusignan-Chypre; *au 3, d'or au lion de gueules, armé, lampassé et couronné d'or,* qui est du royaume d'ARMÉNIE; *au 4, d'argent au lion de gueules, couronné d'or,* qui est du royaume de CHYPRE.

5º Eudes, sénéchal de Chypre, mourut au service de Gênes dans les guerres de Corse;

6º Henry, prince de Galilée, tué par les Turcs en 1426 à la même bataille où le roi Jean II fut fait prisonnier. Sa postérité sera rapportée plus loin (page 76);

7º Marie, mariée à Ladislas, roi de Naples et de Hongrie;

8º Isabelle, mariée à Pierre de Lusignan, comte de Tripoli, sans enfants;

9º Agnès, morte en 1388 sans avoir été mariée;

10º Cive, morte en 1393 sans avoir été mariée.

XVI. — Gen ou Janus de Lusignan, dit Jean II, roi de Chypre, de Jérusalem et d'Arménie, s'appelait véritablement Gen, du nom de la ville de Gênes, où il naquit pendant que son père était retenu comme otage du traité de 1374 ou de Nicosie, et il ne porta jamais d'autre nom de son vivant. Ce n'est donc que par une confusion des auteurs postérieurs qu'il est appelé Jean II.

Ce prince avait été élevé dans une haine héréditaire contre la république de Gênes; aussi employa-t-il les premières années de son règne, malgré les fléaux de la peste et des sauterelles, à réunir des forces considérables; puis, quand il se crut en mesure, il vint, en 1402, assiéger Famagouste par terre et par mer. La nouvelle de cette expédition étant arrivée à Gênes, qui, pour mettre un terme à ses divisions intestines, venait de se placer sous le protectorat de la France, le maréchal de Boucicaut, gouverneur de cette république, dépêcha l'Hermite de la Faye avec trois galères de Malte commandées par le chevalier Antoine de Grimani, pour aller trouver le roi Gen et se plaindre de la rupture de la paix. Peu après, le maréchal partit lui-même avec une flotte de huit galères et s'en fut à Rhodes attendre la réponse du roi, qui ne paraissait pas vouloir renoncer à son entreprise. Pour hâter la négociation, le grand maître de Malte, Philbert de Naillac, se rendit à Chypre, où, s'étant abouché avec le roi, il lui fit envisager qu'il n'était point en état de résister aux forces de Gênes, commandées surtout par un capitaine aussi expérimenté que le maréchal, et que s'il appelait les Vénitiens à son secours, il ne lui resterait tout au plus que le choix de ses tyrans. Depuis longtemps, les rois de Chypre ne se soutenaient que par la protection et les secours des chevaliers de Rhodes; aussi Lusignan se rendit-il aux instances du grand-maître. Celui-ci intervint encore pour faire aboucher le roi et le maréchal, et enfin la levée du siége de Famagouste fut décidée; mais à ce moment surgit une difficulté qui pensa faire échouer la négociation.

Boucicaut, chargé de défendre les Génois, demandait que le roi de Chypre remboursât les frais de la guerre, évalués à une somme considérable; le roi prétendait au contraire qu'on devait se contenter de sa renonciation à une place qui avait appartenu à ses ancêtres depuis plusieurs siècles et dont il se voyait à la veille de rentrer en possession. Chacun restait ferme dans ses prétentions, et il était à craindre que cet incident ne remît tout en question, lorsque le grand-maître de Rhodes, qui connaissait l'importance et la nécessité de la paix, s'interposa de nouveau. Il décida le roi de Chypre à payer aux Génois soixante-dix mille ducats, et, comme le jeune prince n'avait point cette somme, il la lui fit prêter par le trésor de l'ordre, qui, pour sa sûreté, reçut en dépôt la couronne royale, des vases d'or et d'argent et des pierreries jusqu'à concurrence de la valeur du prêt.

Après la ratification du traité, Boucicaut vint débarquer à Lefca, près de Cérines et saluer Lusignan à Nicosie.

Le roi de Chypre, en paix avec la chrétienté, mit à profit ses loisirs pour se refaire une flotte et une armée qu'il employa contre les Ottomans. Un butin considérable avait été le résultat de quelques descentes sur la côte d'Egypte, et, encouragé par ces succès, il eut l'audace de se présenter en 1423 devant Alexandrie, dont il pilla plusieurs quartiers. Le soudan Boursbaï-Aferaf-Seifeddin, poussé à bout par ces entreprises incessantes, vint surprendre l'année suivante la ville de Famagouste, qui fut livrée au pillage pendant trois jours. La leçon ne suffit cependant pas, et Lusignan persista dans ses hostilités. Le soudan, alors, revint, en 1426, avec une armée considérable, livra bataille au roi et le fit prisonnier avec plusieurs des siens. Le prince de Galilée, frère du roi, et grand nombre de barons perdirent la vie dans cette bataille, qui fut suivie de la dévastation complète de l'île.

Le grand-maître de Rhodes, à cette nouvelle désastreuse, et dans la crainte que les Sarrasins ne s'emparassent de toute l'île, y fit passer de nouveaux secours d'hommes et d'argent et promit aux principaux seigneurs du royaume que l'ordre ne les abandonnerait jamais, pourvu qu'ils prissent la résolution de se défendre courageusement. Ces seigneurs, peu unis entre eux et amollis par les délices qui les rendaient peu propres à la guerre, préférèrent traiter amiablement de la rançon de leur souverain. Après plus d'une année de négociations, Lusignan recouvra sa liberté moyennant une rançon de deux mille besans d'or, payée par Jean Podocator, gentilhomme chypriote, qui vendit tous ses biens pour racheter le roi ; on dut encore s'engager à payer un tribut annuel au soudan.

De retour dans ses Etats, l'infortuné prince passa le reste de ses jours à déplorer les suites de son expédition. En effet, le royaume se trouvait dans un état déplorable ; non seulement il était tributaire du soudan d'Egypte, mais il était encore débiteur des Génois pour des sommes considérables, et ceux-ci, maîtres dans Famagouste, parcouraient librement le royaume pour prélever les droits de douanes et d'octrois, que le roi, vu l'épuisement de son trésor, avait été obligé de leur abandonner. En outre, on craignait à chaque instant une attaque nouvelle de la part des Egyptiens, que les Génois ne cessaient d'exciter contre les Chypriotes, et, pour comble de malheur, le trouble et la désunion étaient dans la famille royale. Le monarque, accablé de douleur, et ne traînant plus qu'une vie languissante, mourut le 29 juin 1432, âgé de 58 ans, et fut enterré dans l'église de Saint-Dominique, vis-à-vis de son père. Il avait épousé, le 2 août 1389, Charlotte de Bourbon, fille de Jean de Bourbon, comte de la Marche, et de Catherine de Vendôme[1] ; il en eut trois enfants :

1o Jean, qui suit ;
2o Jacques, sénéchal de Chypre ;
3o Anne, fiancée à Amédée de Savoie, prince de Piémont et d'Achaïe, mort en août 1431, et mariée en février 1433 à Louis de Savoie, prince de Piémont et d'Achaïe : c'était une des plus belles femmes de son temps. Elle mourut en 1462[2].

XVII. — Jean de Lusignan, IIIe du nom, roi de

[1] Cette princesse ne se rendit en Chypre qu'en 1391.
[2] Leur fille Charlotte fut reine de France par son mariage avec le roi Louis XI.

Chypre, de Jérusalem et d'Arménie, succéda à son père, sous la régence de la reine-mère Charlotte de Bourbon, qui ne survécut à Jean II que jusqu'au 13 décembre 1434. Contrairement à la coutume de ses ancêtres, il prit possession par un seul et même couronnement des trois royaumes que son père lui avait laissés[1]. Ses mœurs efféminées et sa faible complexion le rendaient véritablement incapable de gouverner; néanmoins les deux premières années de son règne se passèrent assez tranquillement, grâce aux soins de la régente et de sa femme Aimée ou Médée de Monferrat, fille de Jean-Jacques Paléologue de Monferrat. Cette dernière étant venue à mourir, il épousa, en 1435, Hélène, fille de Théodore Paléologue, despote de Morée, princesse ambitieuse et avide, qui vint de Grèce accompagnée de plusieurs gentilshommes de sa nation habitués aux intrigues de la cour de Constantinople. Dès ce moment l'autorité résida dans la personne de la reine, déclarée publiquement par son mari régente du royaume. Le gouvernement d'Hélène, gouvernée elle-même par le chambellan Thomas, son frère de lait, causa de graves mécontentements, d'autant plus qu'attachée au rit grec, elle ne négligeait rien pour abolir le rit latin dans l'île de Chypre. C'est ce dernier motif qui la dirigea lorsqu'en 1445 elle mit obstacle à l'intronisation de Galefio sur le

[1] Bien que les rois de Chypre, à partir du règne de Henry II, se soient fait couronner deux fois, la première comme roi de Chypre à Nicosie, la seconde comme roi de Jésusalem à Famagouste, jusqu'au règne de Pierre II, où cette ville fut occupée par les Génois, ce n'est pas une raison de croire que les couronnes employées dans les deux cérémonies différaient nécessairement entre elles malgré les exemples qu'on pourrait citer en Europe. Il en fut encore de même pour le sacre de ces souverains comme rois d'Arménie. La couronne en usage était une couronne royale ordinaire du moyen-âge.

siége archiépiscopal de Nicosie, auquel il avait été nommé par le pape Eugène IV, Un nonce, envoyé à ce sujet, fut encore plus mal accueilli, puisque Hélène le jeta en prison. Ce ne fut qu'aux sollicitations du grand-maître de Rhodes que le roi se détermina, malgré sa femme, à recevoir l'archevêque et à mettre le nonce en liberté.

L'injuste domination du ministre de la reine excita un mécontentement général, et le prince Jean de Portugal, duc de Coïmbre, qui ayant épousé la princesse Charlotte, fille du roi de Chypre, se trouvait, du chef de sa femme, héritier présomptif de la couronne, voulut entrer en possession des droits que le roi son beau-père avait abandonnés. L'impérieux ministre s'y opposa, mais le parti du prince prévalut, et Thomas, pour échapper à son ressentiment, se réfugia à Famagouste sous la protection génoise.

La mère du ministre déchu, pour se venger de l'exil de son fils, empoisonna le prince portugais en 1457, et cette mort permit à Thomas de revenir à la cour et d'y reprendre son ancienne autorité. Il reprit en même temps tout son orgueil ; soit par esprit de vengeance, soit que la tête lui eût tourné dans une fortune trop élevée, il ne garda nulle mesure avec la veuve du duc de Coïmbre et chercha même les occasions de lui rendre de mauvais offices auprès de la reine sa mère. La princesse, outrée de ses manières hautaines et insolentes, s'en plaignit à son frère bâtard Jacques de Lusignan, promu à l'archevêché de Nicosie, quoiqu'à peine reçu dans les ordres sacrés. Pendant la vie du duc de Coïmbre, dont il redoutait le courage et l'habileté, ce bâtard s'était tenu éloigné des affaires et renfermé dans les bornes de son état ; mais la mort du prince portugais ralluma son ambition, et il crut qu'il ne lui était pas impossible de s'approcher plus près du trône ou du moins de parvenir au ministère. Il ne fallait, pour cela, qu'éloigner Thomas des affaires.

Jacques, sous prétexte de venger les outrages faits à la princesse, en poignarda lui-même l'auteur, se flattant d'occuper sa place; mais la colère de la reine ne lui permit pas de se montrer à la cour, et il se réfugia secrètement chez un noble Vénitien, son ami particulier, appelé Marc Cornaro, homme puissant et riche, et qui avait des propriétés considérables dans l'île; puis, ne s'y croyant pas encore assez en sûreté contre le ressentiment d'une reine offensée, il passa à Rhodes, d'où il écrivit au pape pour en obtenir la confirmation de sa dignité d'archevêque, ne se doutant pas que la reine, qui redoutait son esprit artificieux, traverserait ses desseins. Le bâtard, irrité de la trouver sur son chemin, prit un parti extrême; sans songer davantage à l'archevêché, il ramasse une troupe de bandits qu'il emmène en Chypre, se ménage à Nicosie un puissant parti et fait tuer ou emprisonner tous ceux qui pouvaient le gêner. Hélène, mal secondée d'ailleurs par le roi qui affectionnait son bâtard, renonça au pouvoir jusqu'à ce qu'elle pût trouver de nouvelles ressources dans un second mariage de sa fille; mais elle mourut, le 11 avril 1458, suivie de près au tombeau par son mari, qui expira, le 26 juillet suivant, âgé de 43 ans. Jean III eut pour enfants :

1° Cléopâtre, morte jeune;

2° Charlotte, qui suit;

3° Jacques, fils bâtard qu'il avait eu de Marie de Patras, et que nous verrons plus tard usurper la couronne. (Page 63.)

XVIII. — Charlotte de Lusignan succéda à son père, dont elle était seule et unique héritière, et fut couronnée à Nicosie pour les trois royaumes de Chypre, de Jérusalem et d'Arménie. Au retour de la cérémonie du couronnement, la reine, surprise par un soubresaut de sa haquenée, se pencha en avant et laissa tomber de sa tête la couronne qui venait d'y être posée ; cet accident ne manqua pas d'être regardé par le peuple comme un fâcheux présage.

Charlotte, au moment où elle avait perdu son père, était fiancée à Louis de Savoie, comte de Genêve, second fils de Louis de Savoie et d'Anne de Lusignan, sœur de Jean III. On dut ajourner ce mariage, dont la conclusion n'eut lieu que le 7 octobre 1459 ; peu après on vit arriver dans l'île de Chypre le jeune monarque avec une flotte chargée de troupes de débarquement. C'était le signal de la retraite pour le bâtard, qui, dans sa rage, eut recours à un moyen diabolique. Il se réfugia au grand Caire, près du soudan, lui demandant l'investiture du royaume de Chypre, tandis qu'il dépêchait en même temps à Constantinople un de ses affidés chargé d'implorer la protection du grand-seigneur et de lui offrir le même tribut qu'au prince égyptien.

Prévenu de cette intrigue par son ambassadeur au Caire, le roi Louis écrivit en diligence au grand-maître de Rhodes pour lui demander l'assistance de ses conseils et de ses armes. Dans ces conjonctures, le grand-maître, sans attendre même de nouvelles lettres du roi, dépêcha Jean Delphin, commandeur dé Nissara, au grand Caire, avec l'ordre de traverser les prétentions et les intrigues du bâtard.

L'habileté de cet envoyé commençait à faire pencher les esprits du côté du bon droit, lorsque survint un ambassadeur de Mahomet chargé d'appuyer le bâtard et d'offrir au soudan une armée destinée à hâter la conquête de l'île de Chypre. L'Egyptien, empressé de déférer aux désirs d'un prince dont, en ce moment-là, personne ne voulait encourir le ressentiment, accorda l'investiture au bâtard de Lusignan, et, pour l'aider à se mettre en possession du trône, le fit accompagner par des forces imposantes, qui vinrent débarquer en Chypre au mois de septembre 1460. La reine et son époux se renfermèrent dans Cérines, seule forteresse en état de soutenir un siége.

On s'étonnera sans doute de voir la souveraine légitime du royaume presque abandonnée de ses sujets et réduite à un petit nombre de serviteurs dévoués, seuls restes des familles françaises venues en Chypre trois cents ans auparavant, mais ce fait s'explique naturellement par l'influence chaque jour plus sensible que les habitudes et la langue des Grecs prenaient sur la société latine de l'île de Chypre surtout depuis le règne de Jean III et la domination d'Hélène Paléologue, sa femme. Les Grecs, contrairement aux usages et aux lois établis en Chypre à la suite de la conquête franque, étaient admis dans les rangs de la noblesse et appelés aux hautes dignités de la cour et du gouvernement. Leur race se renouvelant sans cesse avec les mêmes idées, les mêmes mœurs, le même langage dans les populations des campagnes, tendait partout à supplanter l'élément latin, dont l'esprit, qui n'était plus entretenu par les émigrations d'Europe, s'altérait peu à peu. Déjà même beaucoup de familles, françaises d'origine, avaient abandonné la langue de leurs pères et adopté l'idiome grec. Ajoutons encore que le séjour prolongé des Génois à Famagouste avait développé l'esprit mercantile, cet esprit si destructeur des nationalités en l'absence d'un gouvernement fort et intelligent qui le contienne dans les strictes limites des besoins commerciaux. Telle était donc la situation des choses au moment où la dernière descendante de la race royale se trouvait aux prises avec son compétiteur; mais c'est aussi de ce moment qu'apparaît le grand caractère de Charlotte. Faible et débile en apparence, mais douée des sentiments les plus énergiques et les plus nobles, cette femme réunissait en elle l'éloquence et la pénétration des Grecs, héritage de sa mère Hélène, aux mâles qualités des peuples d'occident, qu'elle tenait de ses ancêtres paternels. Son mari, d'un naturel timide et d'une santé délicate, ne pouvant se présenter dans l'arène, reprit le chemin de la Savoie. La reine, seule, sans trésor, n'ayant plus qu'une forteresse et de rares partisans en Chypre, part pour Mantoue, où résidait alors le pape Pie II, et en obtient quelques secours d'hommes et de vivres, avec lesquels elle débarque résolument à Paphos, traverse le pays couvert de Mameluks et de Catalans, et vient ravitailler Cérines, où sa présence ranime le courage de ses adhérents.

N'ayant pas assez de troupes pour laisser garnison à Paphos, et se contentant d'avoir assuré la défense de Cérines, Charlotte vint à Rhodes sous la protection du grand-maître. La naissance de cette jeune princesse, sa dignité royale, ses malheurs et, plus que tout cela encore, cet empire naturel que donne la beauté lui firent de zélés partisans parmi les chevaliers. On remarqua surtout que le commandeur d'Aubusson, soit pure générosité, soit inclination secrète, s'attacha particulièrement à ses intérêts; ce fut avec son aide que la princesse, infatigable dans ses démarches, ouvrit des négociations à Constantinople et tenta même, quelques années plus tard, de mettre dans son parti l'amiral de la flotte vénitienne envoyé pour soutenir son adversaire. Au moyen d'emprunts aux dominicains de Nicosie, aux chevaliers de Rhodes et aux Génois, elle pouvait nourrir la garnison de Cérines et suffire à l'entretien de sa maison. Des ressources lui étaient en outre fournies par le duc de Savoie, le souverain Pontife, le roi de France et le duc de Bourgogne.

Tant d'efforts restèrent infructueux, et la place de Cérines, assiégée depuis quatre ans, dut suivre le sort commun. Sous l'influence du manque de vivres et de munitions, qui rendait chaque jour sa position plus pénible, et séduit en outre par les promesses de l'usurpateur, le commandant se rendit le 25 août 1464.

Enfin, après plusieurs années de luttes, Charlotte voit mourir le traître qui l'a détrônée; mais elle est délaissée, appauvrie, souffrante, sans ressources; ses partisans sont battus et dispersés, la Savoie est fatiguée de subvenir aux dépenses de la guerre, les princes d'Europe sont sourds à ses prières; n'importe, elle trouve une nouvelle énergie dans son infortune, adopte un fils du roi de Naples et se rend au Caire avec lui, dans l'espoir de faire changer la politique du soudan. Le destin fait échouer toutes ces généreuses tentatives, et l'héritière des Lusignans, désespérant de rentrer dans son royaume, fait cession de tous ses droits à Charles Iᵉʳ, duc de Savoie, et à ses successeurs par un acte du 28 juillet 1482. Puis, accablée de soucis et de langueur, elle se retire à Rome, près du Vatican, où avaient toujours été ses plus fidèles amis. On possède un portrait de cette princesse, où elle est représentée portant une couronne royale dont le diadème retient un long voile retombant sur les épaules; elle a le front élevé, les yeux noirs et brillants; sa

bouche un peu serrée, son teint pâle et fatigué, offrent les
caractères frappants de la dignité et de la souffrance.

Charlotte mourut à Rome, le 16 juillet 1489, à l'âge
de quarante-neuf ans, sans laisser d'enfants.

BRANCHE BATARDE DES ROIS DE CHYPRE, DE JÉRUSALEM ET D'ARMÉNIE.

XVIII. — Jacques II, roi de Chypre, de Jérusalem et
d'Arménie, était fils naturel du roi Jean III et de Marie
de Patras, à laquelle la reine Hélène avait coupé le nez
dans un accès de jalousie. Destiné dès l'enfance à la carrière ecclésiastique, il était sous-diacre et archevêque de
Nicosie lors de la mort de son père, mais jamais homme
ne fut moins fait pour le sacerdoce. Doué d'un caractère
bouillant et impétueux, il se laissait aller à ses passions
pour lesquelles il était capable de tout sacrifier.

Nous avons vu comment il déposséda l'infortunée
reine Charlotte pour s'emparer d'un trône auquel le vice
de sa naissance ne lui donnait aucun droit. Une fois en
possession de Cérines, qui s'était rendue, Jacques-le-Bâtard avait encore à terminer la conquête de l'île par la
prise de Famagouste, qui se trouvait presque abandonnée de ses maîtres. Une capitulation du gouverneur
rendit cette place, que Gênes possédait depuis quatre-
vingt-dix ans, sous la condition expresse qu'elle serait
gouvernée selon les lois génoises et non d'après les assises de Jérusalem.

Le nouveau roi n'avait pu usurper la couronne qu'a-
vec les secours du soudan d'Égypte, dont l'armée
semblait vouloir s'impatroniser en Chypre. La charge
devenait lourde, le trésor s'épuisait pour faire face aux

dépenses de cette garnison. Après avoir levé de fortes
impositions sur les partisans de sa sœur Charlotte, et
même confisqué leurs biens, Lusignan alla jusqu'à
enlever les chaudières des bains publics qui apparte-
naient à la couronne, et faire frapper monnaie avec le
métal provenant de leur fonte ; mais cette faible ressource
fut bientôt épuisée. Instruit d'ailleurs, à n'en pouvoir
douter, que les Ottomans tendaient à s'emparer de l'autorité, il résolut alors de se débarrasser de ses onéreux alliés
par un moyen prompt et économique. Il les dissémina en
plusieurs troupes qui furent chacune attirées dans un
piége et exterminées en un jour. C'était assez mal payer
les services de ceux qui l'avaient mis sur le trône et
s'exposer à la colère du soudan qui, à cette nouvelle,
jura de mettre l'île de Chypre à feu et à sang ; mais Lusignan sut présenter si adroitement les faits à la cour
du Caire qu'il réussit à se faire pardonner son incartade.

Jacques, n'ayant plus rien à craindre de ses ennemis, s'abandonna à tous les déréglements d'une existence licencieuse, et ne se fit aucun scrupule de dépouil-
ler les nobles de son royaume pour enrichir des seigneurs
vénitiens complices de ses débauches. Une telle conduite n'était pas propre à lui attirer les bonnes grâces
du pape, que Lusignan eût désiré voir sanctionner son
usurpation ; aussi, une ambassade ayant été envoyée à
Rome pour demander sa confirmation comme roi de
Chypre et la main d'une descendante de la maison impé-
riale de Paléologue, réfugiée près du saint Père, le mariage fut bien accordé, mais non la couronne de Chypre.
La négociation n'eut aucune suite quant à ses deux objets.

Sans alliance avec les nations chrétiennes et réduit à
ses propres forces, Jacques ne pouvait se dissimuler qu'il
lui faudrait, dans un temps plus ou moins rapproché,

tenir tête à la puissance ottomane, qui n'abandonnait point ses vues sur l'île de Chypre. Cette appréhension donna lieu à un fait des plus extraordinaires. Si les Ottomans convoitaient Chypre comme le dernier boulevart de la chrétienté, ils avaient un concurrent dans la république de Venise, qui ne pouvait voir sans dépit les comptoirs de Famagouste monopoliser en partie le commerce du Levant. Jacques ne s'abusait donc pas en espérant que le sénat de Venise prêterait l'oreille à des ouvertures, qui furent en effet accueillies après avoir été présentées sous la simple forme d'une alliance matrimoniale. Un sénateur vénitien, nommé Cornaro, et fixé en Chypre, possédait une fille dont Lusignan fit demander la main; mais, comme les grandes familles vénitiennes ne pouvaient contracter d'alliance à l'étranger sans l'agrément du gouvernement, le père adressa une requête au sénat. Tout était convenu d'avance. Le sénat parut très-flatté de cette alliance dans la personne d'un de ses membres et, comme pour se montrer généreux et reconnaissant envers le roi de Chypre, il rédigea un acte d'adoption par lequel Catherine Cornaro était déclarée fille de la république de Saint-Marc. En conséquence de cette qualité, on donnait à la fiancée une dot de cent mille ducats et la république s'obligeait, par un traité solennel, à protéger le roi de Chypre contre ses ennemis : par ceux-ci on entendait les Génois qui revendiquaient Famagouste, et les chevaliers de Rhodes, qui avaient donné asile à la reine Charlotte. Le mariage eut lieu en 1471.

L'usurpateur ne fut pas longtemps sans éprouver qu'il est rare de trouver fidélité et bonne foi dans les traités dont l'injustice fait la base. Son gouvernement ne satisfait ni ses amis ni ses ennemis, et donne lieu à des conspirations auxquelles la république de Venise elle-même n'est pas étrangère. Les Vénitiens, profitant des dissensions qui agitent les différents partis, s'immiscent dans les conseils du roi, font passer des troupes dans les places fortes, sévissent indistinctement contre tous les partis au nom de Jacques qu'ils prétendent défendre et dont ils s'assurent la succession. Enfin, étant un jour parti seul avec les deux oncles de sa femme, André Cornaro et Louis Bembo, pour Famagouste, dont les environs lui fournissaient des chasses agréables, Jacques tombe subitement malade en proie à tous les symptômes de l'empoisonnement. Ordre est donné par les deux Vénitiens de ne laisser personne approcher de lui jusqu'à l'arrivée de la reine qui s'empresse de venir et de l'entourer de soins. Se sentant sur le point de succomber, Jacques fait mander Thomas Ficard, chancelier, et, en présence de tous les barons présents, dicte un testament dans la forme suivante : « Moy, Jacques II de Lusignan, par la grâce de Dieu roi de Chypre, de Jérusalem et d'Arménie, mon âme étant séparée de mon corps, je la recommande à Dieu et laisse pour tuteur de la créature qui est au ventre de la reine ma femme, et pour gouverneurs du royaume pendant la minorité d'icelle, Jean Pérez Fabrice, comte de Carpasso et de Jaffa, capitaine-général de la marine ; Jean Fures, comte de Tripoli et capitaine de Famagouste ; Morfun de Gréguer, comte de Rochas ; André Cornaro, auditeur de Chypre, et Louis Bembo, tous deux gentils-hommes vénitiens et oncles paternel et maternel de la reine ; Pierre d'Avila, connétable de Chypre ; Rinzon de Morin, chambellan, et Jean Aronium, auxquels je donne le gouvernement de mon royaume à la charge qu'ils reconnaîtront pour maîtresse principale la reine ma femme, et la créature qu'elle enfantera sera mon vrai héritier, et veux qu'elle ait mes royaumes; et, au cas qu'elle meure, je les laisse à Gen, mon fils naturel, et, lui mourant sans héritier, à Jean, mon second fils naturel, et, advenant encore sa mort, Charlotte, ma fille naturelle y succédera. Que, s'il plaît à Dieu de l'appeler, je veux et entends que mes royaumes soient donnés au plus proche de mes parents de la race de Lusignan. Je laisse aussi à mon héritier mon trésor, et veux qu'incontinent après ma mort, pleine liberté soit donnée à ceux que j'ai fait mettre aux galères, car je les ai assez tourmentés. »

Jacques II mourut l'an 1474, à l'âge de trente-trois ans, et fut enterré sans pompe ni honneurs dans la grande église cathédrale de Saint-Nicolas au côté droit du maître-autel. Il ne laissa qu'un fils légitime posthume, qui lui succéda, et trois bâtards.

> Jacques, qui suit;
> Gen, fils bâtard, parvint à un âge assez avancé et mourut au château d'Este, à Padoue, en 1553;
> Jean, fils bâtard, mort à Venise;
> Charlotte, fille bâtarde, morte en 1492, à Padoue, où elle fut enterrée dans le couvent de Saint-Augustin de l'ordre des frères prêcheurs.

XIX. — Jacques de LUSIGNAN, IIIe du nom, roi de Chypre, de Jérusalem et d'Arménie, ne vint au monde qu'après la mort de son père. La reine sa mère était à peine veuve qu'elle se vit en butte aux attaques de l'énergique Charlotte de Lusignan et de ses partisans. De ce moment commença entre les deux reines, Charlotte de Lusignan et Catherine Cornaro, une lutte incessante où toutes les deux déployèrent les artifices les plus merveilleux; nous regrettons que notre cadre restreint ne nous permette pas d'en faire l'historique. A la mort de Jacques II, le gouvernement de Venise s'empressa d'envoyer un ambassadeur à la reine Catherine pour lui offrir ses compliments de condoléance; cet envoyé avait ordre de se montrer avec la flotte considérable qu'il commandait, dans le port de Rhodes, pour intimider la reine Charlotte de Lusignan réfugiée dans cette île. Cette princesse, qui puisait une nouvelle énergie au fond de chaque difficulté, mit tout en œuvre pour l'attacher à sa fortune. Elle avait frappé juste, et le Vénitien, entrevoyant déjà une couronne, était sur le point de se laisser séduire lorsque des rumeurs, excitées sur ses vaisseaux par les ennemis de Charlotte, le déterminèrent à accomplir sa mission jusqu'en Chypre. C'est peu après que Catherine Cornaro accoucha d'un fils qui fut proclamé roi en venant au monde sous la tutelle de sa mère. Lorsque la reine ou les gouverneurs voulaient prendre quelque mesure importante, ils présentaient le petit roi au peuple en lui levant la main comme s'il eût approuvé ce qu'ils faisaient.

Jacques III, qui avait été roi avant de naître, mourut avant de savoir ce que c'était que régner; il succomba en 1475, âgé d'un an et quelques mois.

Un pareil événement était bien fait pour ranimer les espérances de Charlotte de Lusignan, qui, de Rhodes, où elle continuait à résider, entretenait facilement des intelligences avec ses adhérents de Chypre. Il existait un parti ennemi naturel de Venise et qu'on appelait le parti napolitain. Quoiqu'il eût soutenu l'usurpation de Jacques II, ses tendances s'étaient modifiées à mesure que le joug vénitien s'était démasqué, et Charlotte se mit en tête de l'attirer à son tour; dans ce but, elle adopta un fils du roi de Naples, avec lequel elle se rendit au Caire, espérant obtenir du sultan l'investiture en

faveur de ce jeune prince. Mais cette tentative échoua
aussi bien que celles des partisans de Charlotte en Chypre, qui furent toutes déjouées par l'habileté des Vénitiens venus pour soutenir la reine Catherine Cornaro.
Celle-ci dut à cet appui de se maintenir dans la possession de l'île jusqu'en 1489. A ce moment, le sénat résolut d'y mettre fin, fatigué qu'il était des dépenses et
des embarras suscités par cette protection. Sous prétexte de soustraire Catherine aux surprises des musulmans, qui ne cessaient d'attaquer l'île de Chypre, elle
fut attirée à Venise avec les trois bâtards de son mari,
et bientôt après on la força d'abdiquer et de faire
donation de son royaume à la république. Ce ne fut,
au reste, pour les Vénitiens qu'une simple formalité,
puisque dès l'année 1473, seize ans avant l'abdication
de Catherine Cornaro, ils se glorifiaient de la conquête
de Chypre en inscrivant cet insultant, mais trop véridi-
que témoignage, sur le tombeau du doge Nicolas
Throno : *quo felicissime duce florentissima Venetorum res-
publica Cyprium imperio adscivit.*

Depuis lors, l'île demeura sous la domination des Vénitiens jusqu'en 1571 qu'elle tomba en la puissance
des Turcs.

BRANCHE DES ROIS D'ARMÉNIE.

XII. — Amaury de Lusignan, prince titulaire de Tyr
et de Sidon, était le quatrième fils de Hugues III, roi
de Chypre, et avait épousé Isabelle, sœur de Oissime,
roi d'Arménie, laquelle, ainsi que nous l'avons déjà
vu, avait été échangée contre le roi Henry II, en 1310,
après le meurtre de son mari par Simonet de Mons,

meurtre qui rendit la couronne et la liberté à son possesseur légitime. Cinq enfants étaient nés du mariage
d'Amaury et d'Isabelle :

1º Guy, roi d'Arménie, qui suit;
2º Hugues de Lusignan, mort sans enfants;
3º Boëmond de Lusignan, *idem*;
4º Henry de Lusignan, *idem*;
5º Agnès de Lusignan, mariée à Livon, roi d'Arménie, son cousin, morte sans enfants.

XIII. — Guy de Lusignan, roi d'Arménie. Les enfants
d'Amaury, après la mort de leur père et le rétablisse-
ment du roi Henry II sur le trône de Chypre, suivirent
leur mère Isabelle à Sis, en Arménie; mais vers 1327 le
jeune Guy vint à la cour de Constantinople, où l'appelait
l'impératrice mère qui était une princesse d'Arménie,
et se mit au service de l'empire. Il ne tarda pas à se
distinguer comme officier, soit sur les champs de bataille, soit dans la défense des places. En 1341, il était
gouverneur de Serres et des autres villes jusqu'à Constantinople. L'impératrice lui fit épouser une fille de la
maison de Cantacuzène, cousine germaine de Jean Cantacuzène, depuis empereur, avec laquelle il vécut longtemps, mais dont il n'eut qu'une fille, mariée plus
tard avec son cousin Manuel Cantacuzène. Devenu veuf,
Guy de Lusignan épousa la fille du prince Sergianos,
dont il eut plusieurs enfants.

Le roi d'Arménie Livon, dernier descendant de la
dynastie de Rhoupen, venait d'être assassiné en 1344,
ainsi que sa femme et ses trois enfants par le grand khan
de Tartarie, et la nation se trouvait dans une grande per-
plexité faute d'un héritier direct du trône; on jeta les
yeux sur Guy de Lusignan, cousin du roi défunt, et

dont la réputation de bravoure et d'habileté laissait bien augurer pour les futures destinées du pays. L'assemblée des seigneurs résolut de lui offrir la couronne, qu'il accepta avec d'autant moins d'hésitation, qu'il était dégoûté des intrigues de la cour de Constantinople. L'histoire ne nous a transmis qu'un seul trait de sa royauté, dont la durée fut très-courte. A peine couronné, il députa vers le pape Clément VI l'archevêque de Trébisonde et le moine Daniel, de l'ordre des frères mineurs, pour prêter obéissance au Saint-Siége et promettre qu'il ferait tous ses efforts en vue d'attaquer les erreurs répandues dans l'Eglise d'Arménie. Le pape l'en remercia au nom de la chrétienté tout entière. Guy tint parole et ne négligea rien pour ramener l'unité de la foi; il demanda même deux évêques au Saint-Père pour l'aider dans cette œuvre, mais il était mort lorsque ces deux prélats arrivèrent, en 1347. En outre de la fille qu'il avait eue de sa première femme, il laissa trois autres enfants de sa seconde alliance :

1° N..... de Lusignan, mariée à Manuel Cantacuzène, fils de Jean Cantacuzène, alors grand domestique de l'empire et depuis empereur ;

2° Constant de Lusignan, roi d'Arménie, qui suit ;

3° Amaury de Lusignan, dont le fils Léon ou Livon succéda à son oncle Constant ;

4° Livon II ou Drago de Lusignan, qui fut roi après la mort du fils d'Amaury.

XIV. — Constant de Lusignan, roi d'Arménie, que certains auteurs appellent Jean, succéda à son père au commencement de l'année 1347. Ce prince, homme de beaucoup de savoir et d'une grande piété, débuta par envoyer une ambassade au pape, au roi de France et au roi d'Angleterre pour exposer l'état déplorable où les courses des infidèles avaient réduit

l'Arménie, et réclamer de prompts secours. Malheureusement la France était elle-même alors dans la situation la plus critique depuis la funeste bataille de
Crécy, et l'Angleterre ne s'occupait que de conserver
les avantages obtenus sur sa rivale; aussi l'ambassadeur ne rapporta de ces deux cours que des satisfac-
tions illusoires. Quant à la cour d'Avignon, elle ne
pouvait donner autre chose aux Arméniens que des
instructions pour régler et réformer leur croyance.
Dans cette situation désespérée, qui ne lui permettait
plus de tenir tête aux Sarrasins, Constant eut recours
aux chevaliers de Rhodes et leur envoya une ambassade. Gozon, alors grand-maître, animé de l'esprit de
son ordre, qui l'empêchait d'abandonner à la fureur
des barbares un peuple schismatique, il est vrai, mais
chrétien, détermina le conseil à faire passer des troupes
en Arménie. Une flotte armée en toute hâte transporta
les plus braves chevaliers avec un corps considérable
d'infanterie sur les côtes d'Arménie, où ces troupes
se réunirent à l'armée de Constant, qui s'était avan-
cée pour faciliter leur débarquement. Profitant du
premier enthousiasme causé par ce secours, le roi
marcha droit aux Sarrasins, qui d'ailleurs le cher-
chaient de leur côté. On en vint bientôt aux mains;
le combat fut long et opiniâtre, mais la valeur ordinaire des chevaliers décida du succès. Les Sarrasins
croyant n'avoir affaire qu'aux Arméniens qu'ils avaient
déjà battus plusieurs fois, furent surpris en apercevant
les étendards de saint Jean qu'ils reconnurent encore
mieux aux grands coups que portaient les chevaliers
et prirent la fuite. Beaucoup périrent et un nombre
plus grand encore fut fait prisonnier; tous leurs ba-
gages restèrent au pouvoir des chrétiens. Avec l'aide

de ses vaillants auxiliaires, le roi d'Arménie assiégea ensuite et reprit toutes les places dont les infidèles s'étaient emparés. Les chevaliers de Rhodes ne quittèrent l'Arménie qu'après en avoir chassé entièrement les Sarrasins, réduits à regagner l'Egypte à grand'-peine.

Constant, heureux d'avoir rendu la tranquillité à ses Etats et préférant la solitude du cloître et les pratiques paisibles de la piété aux pompes de la grandeur et aux pénibles devoirs de la royauté, renonça à la couronne en 1351 pour se faire moine de l'ordre de saint François, sous le nom de frère Jean. A défaut d'enfants, il céda le gouvernement à son neveu Constantin, fils de son frère Amaury.

XV. — Constantin de LUSIGNAN, roi d'Arménie, est aussi appelé Léon ou Livon, ce qui ferait supposer qu'il ne prit le nom de Constantin qu'après son adoption par le roi Constant auquel il succéda en 1351. Le pape Clément VI lui envoya cette même année deux moines missionnaires pour concourir à l'extirpation du schisme qui désolait l'Eglise de ce royaume. Les premières années de son règne furent assez tranquilles, mais peu à peu les Sarrasins recommencèrent leurs incursions, et il fallut qu'en 1361 Pierre de Lusignan, roi de Chypre, envoyât Robert de Tolose avec des troupes en Arménie, tandis que lui-même, avec une armée navale de cinquante galères, et assisté des chevaliers de Rhodes, vînt assiéger Satalie et imposer un tribut à tous les émirs de Cilicie. Quelque temps après, les Turcs étant venus assiéger Curco, le même roi, à la sollicitation du pape Urbain V, y envoya le prince son frère, Jacques de Lusignan, connétable de Chypre, avec dix galères et quatre vaisseaux qui obligèrent les Turcs à se retirer, événement que Loredano fixe vers l'an 1366. Constantin avait épousé Irène, fille de Philippe, prince de Tarente, frère de Robert, roi de Naples; il mourut sans enfants vers l'année 1372, laissant la princesse Irène, sa mère, seule héritière du royaume.

XIV. — Drago de Lusignan, roi d'Arménie. Ce prince est souvent appelé Léon ou Livon, mais son nom de Drago est constaté par plusieurs médailles authentiques. Il était le quatrième fils de Guy de Lusignan, roi d'Arménie, mort en 1347, et par conséquent oncle du roi défunt Constantin. Après la mort de ce dernier, le royaume se trouva aux mains de la princesse Irène, qui se voyant attaquée de tous côtés par les Ottomans, s'adressa au pape Grégoire XI pour l'engager à lui procurer l'assistance des monarchies de l'occident. Ce pontife, après être parvenu à réconcilier entre eux quelques princes chrétiens, en tira des secours pour l'Arménie, qui prolongèrent encore l'existence de ce malheureux pays.

Drago de Lusignan avait pris part à la guerre et déployé tant de valeur que les grands du pays lui offrirent la couronne, comme au seul capable de tenir tête à l'ennemi. Cependant, comme c'eût été méconnaître les droits de la reine que de lui enlever la souveraineté, on décida celle-ci à se remarier avec Drago. Ce projet excita, il est vrai, les murmures du peuple, qui, ne se rendant pas compte des raisons politiques, regardait comme incestueuse l'union de l'oncle et de la nièce, mais une dispense du pape vint tout aplanir, et le mariage fut conclu.

Peu après, la guerre se ranima avec fureur, et le vieux

moine Jean, que nous avons vu quitter le trône pour le
cloître, reprit les armes et vola à la défense de l'Arménie envahie et saccagée par les Sarrasins. Il se fit tuer
sur le champ de bataille, ainsi que le roi Drago, son
frère, et les principaux seigneurs du royaume. On ne
connaît pas au juste la date de cet événement.

Drago eut de sa femme plusieurs enfants, dont un
seul, Léon ou Livon, lui survécut et lui succéda.

XV. — Léon ou Livon de Lusignan, roi d'Arménie,
succéda à son père et essaya vainement de disputer ses
Etats aux Sarrasins. Après de petits succès et de grands
revers, il se vit arracher l'Arménie, qui fut complète-
ment envahie par les Turcs, à l'exception de Curco en
Cilicie, que les Génois, qui en avaient la garde, dé-
fendirent longtemps. Ce prince, qui avait perdu à la fois
sa couronne, sa femme et ses enfants, courut demander
du secours à son cousin-germain, Pierre de Lusignan, roi
de Chypre; mais, le trouvant en guerre avec les Génois,
et désespérant d'en rien tirer après plusieurs années
d'attente, il se retira en France, en 1378, et vint auprès du roi Charles V, qu'il trouva aussi guerroyant
contre l'Angleterre. Néanmoins il fut bien accueilli, et
les deux monarques, l'ayant pris pour arbitre de leurs
différends, il parvint à conclure entre eux une trève de
trois ans. Après un séjour prolongé en Angleterre,
Léon, de retour auprès du roi de France, venait enfin
d'en obtenir une armée pour l'aider à reconquérir son
royaume; mais, par une fatalité désespérante, ces forces
durent être préalablement employées à repousser les
Turcs de la Ligurie, et les affaires d'Arménie subirent
un nouvel ajournement. Pendant ce temps, le malheur

voulut que la guerre reprît entre les rois de France et
d'Angleterre, et Léon perdit tout espoir de jamais rentrer dans ses États, où il eût d'ailleurs été plus pauvre
que dans l'exil; ses malheurs, en effet, lui avaient con-
cilié l'intérêt des monarques chrétiens, et il recevait
des pensions fort considérables des rois de France,
d'Angleterre, de Navarre, de Castille et d'Aragon.

Ce prince, jouet de la fortune, ne laissa qu'un fils
naturel. Il mourut à Paris, en 1393, de la maladie de
l'exil, et fut inhumé, suivant ses dernières volontés,
dans le chœur de l'église des Célestins, auxquels il laissait une somme d'argent pour l'entretien et la nourri-
ture de trois religieux chargés de prier constamment
pour lui et les siens. On éleva sur le lieu de sa sépulture un magnifique tombeau en marbre noir. Sa statue
se trouvait en marbre blanc, au côté droit du grand
autel, avec un sceptre à la main et une couronne d'or
à hauts fleurons sur la tête. Ses armes, parties : au 1
d'Arménie, au 2 de Jérusalem, au 3 de Lusignan,
étaient sculptées au haut du cintre, et on lisait, autour
du sépulcre, l'épitaphe suivante :

*Ci-gist, très-noble et excellent prince, Léon de Lusignan
Quint, roi latin du royaume d'Arménie ; qui rendit l'âme
à Dieu le 20 novembre de l'an de grâce mil trois cent no-
nante-trois.*

Le titre de roi d'Arménie fut pris alors par Jacques I,
roi de Chypre et de Jérusalem (voir page 51).

BRANCHE DES PRINCES DE GALILÉE.

XV. — Henry, prince de Galilée, sixième fils du roi
Jacques I, avait épousé Alix d'Ibelin, dame de Cérines.

Il fut tué en 1426 en défendant l'île de Chypre contre
le soudan d'Egypte à la même bataille où le roi Jean II
fut fait prisonnier (voir page 54). Il laissa trois enfants,
un garçon et deux filles.

1º Philippe, qui suit;

2º Helvis de Lusignan, mariée à Hector de Chivides, vicomte de Nicosie.
Son mari eut la tête tranchée sous le règne de Jacques-le-Bâtard;

3º Mariette de Lusignan, mariée à Onuphre de Requesens, gentilhomme
espagnol et sénéchal de Chypre.

XVI. — Philippe de Lusignan, prince de Galilée,
épousa Cive Denores, dont il eut un fils, qui suit.

XVII. — Charles de Lusignan, prince de Galilée. Il
épousa Hélène Fabrice de Jaffa, sœur de Paul Fabrice,
seigneur de Jaffa, sénéchal de Jérusalem et en eut cinq
enfants :

1º Philippe qui suit;

2º Jean de Lusignan mourut en Savoie sans être marié;

3º Ponce de Lusignan quitta l'île de Chypre où il ne revint qu'en 1550.
Il épousa Médée Podocator, dont il eut un fils nommé Charles ou Clarion,
mort sans enfants, et deux filles;

4º Mélusine de Lusignan, mariée à Louis d'Acre, dont deux filles, Ché-
rubine et Pantaphilée. Cette dernière épousa Annibal Paléologue, et se
fixa à Venise;

5º Marie de Lusignan, mariée à Jacques Gunémé, seigneur de Lapathos.

XVIII. — Philippe de Lusignan, prince de Galilée,
épousa Isabelle, fille de Jean Pérez Fabrice, comte de
Carpasso et de Jaffa, capitaine général de la marine. Il
s'était rallié à Jacques le Bâtard qu'il servit avec dévouement, malgré les prétentions qu'il aurait pu soule-
ver comme héritier de la couronne, à défaut de la reine
Charlotte. Il laissa quatre enfants :

1º Phœbus de Lusignan, qui épousa en premières noces une sœur du sire Aloys de Verny [1], et en secondes noces, en l'an 1521, Isabelle Bertrand. Il eut du premier mariage une fille nommée Agnès, mariée à Gaspard Palol;

2º Jason de Lusignan, qui suit;

3º Hector de Lusignan, qui épousa en premieres noces une princesse de la race d'Acre, et en secondes noces Marguerite Zorzolami. Il sera parlé plus loin de sa descendance (page 80);

4º Pierre de Lusignan, qui épousa N.... de Bustroni, dont il eut quatre enfants : Gaspard, Philippe, Jean Pérez, moine de Saint-Augustin, sous le nom de frère Guillaume, et Marguerite, tous égorgés par les Turcs en 1570.

XIX. — Jason de LUSIGNAN, prince de Galilée, épousa Luce ou Lucie de Flatre, fille de Balian de Flatre, et eut dix enfants :

1º Pierre-Antoine de Lusignan, qui épousa Marie Gunéme et mourut sans postérité;

2º Jean de Lusignan, moine de Saint-Basile, sous le nom d'Hilarion, massacré par les Turcs au siége de Famagouste;

3º Jacques, dit Etienne, qui suit;

4º Jean-Philippe de Lusignan, prit part, en 1570, à la défense de Nicosie, où il fit des prodiges de valeur. Voyant enfin la ville au pouvoir de l'ennemi, il s'élance avec quelques soldats au milieu des Turcs, traverse leurs rangs et gagne les montagnes. Peu après on le retrouve sur les remparts de Famagouste, défendant contre les Turcs ce dernier lambeau de la puissance de ses pères. Criblé de blessures, il expira huit jours avant la prise de la ville;

5º Hercule de Lusignan, mort lors de la prise de l'île par les Turcs;

6º Lusignane de Lusignan, mariée à Dominique Andruzzi; ils eurent deux filles, dont l'une, mariée, vécut paisiblement à Famagouste, et l'autre fut emmenée captive en Cilicie;

7º Hélène de Lusignan, morte au berceau;

8º Isabelle de Lusignan était au couvent des religieuses de Saint-Basile, où elle se disposait à prononcer ses vœux, lorsqu'elle fut prise par les Turcs et destinée à orner le harem d'un pacha. Un chrétien d'une humble condition, puisqu'il était *pauvre couturier*, la fit évader, et Isabelle, reconnaissante d'un aussi signalé service, l'en récompensa en l'épousant. Elle vécut misérablement avec lui au village de Silicon;

[1] Un fils de Aloys de Verny reçut comme nom de baptême le nom de Lusignan.

9° Hélène de Lusignan, mariée à Démétrius Paléologue; ils eurent deux enfants, qui furent pris par les Turcs et élevés dans la religion musulmane. Le fils se nommait Philippe.

10° Marguérite de Lusignan, morte au berceau.

XX. — Jacques de LUSIGNAN, dit le Père Etienne, nom sous lequel il était connu en religion, naquit à Nicosie en 1537. Il eut pour guide et pour maître dans la carrière ecclésiastique le savant et vertueux Julien, évêque des Arméniens de l'île de Chypre, qui le fit entrer dans l'ordre de Saint-Dominique. Jacques profita si bien des leçons de ce maître éclairé, qu'à peine âgé de trente ans, il fut choisi pour vicaire par André Mocenigo et Séraphin Fortibraccio, successivement évêques de Limisso. Lors de la prise de l'île de Chypre par les Osmanlis, le père Etienne se trouvait à Rome; accablé de ce désastre, il vint d'abord à Naples d'où il s'efforça de racheter ses parents esclaves en Turquie, puis à Paris en 1577. Il quitta cette ville à une époque où la ligue commençait à se livrer à des excès qui rappelaient trop la Saint-Barthélemy. Peu de temps après, c'est-à-dire le 27 avril 1578, le pape Sixte V le nomma évêque titulaire de Limisso. Etienne de Lusignan a laissé de nombreux ouvrages, dont presque tous sont consacrés à l'histoire de sa famille et à celle de l'île de Chypre.

Sa mort eut lieu à Paris, au couvent des frères prêcheurs, où il s'était retiré dans les dernières années de sa vie; mais la date exacte n'en est pas bien connue. Les assertions les plus vraisemblables la fixent en 1590; un seul auteur la fait remonter en 1595.

POSTÉRITÉ DE HECTOR DE LUSIGNAN,

TROISÈME ENFANT DE PHILIPPE, PRINCE DE GALILÉE, ET D'ISABELLE FABRICE, COMTESSE DE JAFFA.

XIX. — Hector de Lusignan, troisième fils de Philippe de Lusignan et d'Isabelle Fabrice, épousa en premières noces une princesse de la race d'Acre, et en secondes noces Marguerite Zorzolami. Il eut de la première quatre enfants, et, de la seconde, six :

1º Philippe de Lusignan vint en France en 1553, et mourut jeune;
2º Marguerite de Lusignan, mariée au seigneur de Crispe;
3º Aloys ou Louis, qui suit;
4º Jérôme de Lusignan, chanoine de Paphos et archidiacre de Limisso, mourut à Rome pensionné par le Saint-Père;
5º Ambroise de Lusignan, tué en combattant contre les Turcs;
6º Jean Pérez de Lusignan, tué en combattant contre les Turcs;
7º Hercule de Lusignan, tué en combattant contre les Turcs;
8º Mariette de Lusignan, mariée au sire de Provost;
9º Laure de Lusignan, mariée au seigneur Bustroni, fils de Florio Bustroni;
10º Lucrèce de Lusignan, morte enfant.

XX. — Aloys ou Louis de Lusignan épousa une fille de la maison de Rames, dont il eut un fils et une fille :

1º Pierre, qui suit;
2º N..... de Lusignan, massacrée par les Turcs.

XXI. — Pierre de Lusignan fut pris par les Turcs et emmené à Constantinople en 1570. On ignore quel fut son sort et s'il continua la descendance.

FIN.

Paris. — Imprimerie de Pommeret et Moreau, quai des Grands-Augustins, 17.

www.ingramcontent.com/pod-product-compliance
Lightning Source LLC
LaVergne TN
LVHW020952090426
835512LV00009B/1851